Teatro e Sociedade: Shakespeare

Coleção Khronos
Dirigida por J. Guinsburg

Equipe de realização – Tradução: Berta Zemel: Revisão de texto: J. Guinsburg; Revisão de provas: Shizuka Kuchiki; Produção: Plínio Martins Filho e Cristina Ayumi Futida; Capa: Marina Mayumi Watanabe.

Guy Boquet

Teatro e Sociedade: Shakespeare

EDITORA PERSPECTIVA

Título do original francês:
Théâtre et Société: Shakespeare

Direitos em língua portuguesa reservados à
EDITORA PERSPECTIVA S. A.
Av. Brigadeiro Luís Antônio, 3025
01401 — São Paulo — SP — Brasil
Telefones: 885-8388/885-6878
1989

SUMÁRIO

SUMÁRIO

CRONOLOGIA

A obra de Shakespeare

1589 *A Comédia dos Erros. Titus Andronicus.*

1590 1592 *Henrique VI* (1.ª, 2.ª e 3.ª partes).

1592 1593 *Ricardo III.*

1593 *A Megera Domada.*

1592 1593 *Os Dois Nobres de Verona.*

1592 1594 *Vênus e Adônis, A Violação de Lucrécia* (poemas).

1592 1595 *Sonetos* (publicados em 1609).

1594 *Trabalhos de Amor Perdidos.*

1594 1595 *Sonho de uma Noite de Verão.*

1595 *Rei João* (ou 1590/1591).
Ricardo II. Romeu e Julieta.

1596 *O Mercador de Veneza.*

1596 1597 *Henrique IV* (1.ª e 2.ª partes).

1597 *As Alegres Comadres de Windsor.*

1598 1599 *Muito Barulho em Torno de Nada.*

1599 *Henrique V. Júlio César.*

1600 *Como Quiserdes.*

1600 1601 *Noite de Reis.*

1601 1602 *Hamlet. Troilus e Créssida.*

1602 1603 *Tudo é Bom se Acaba Bem.*

1604 *Medida por Medida. Otelo.*

1605 *Rei Lear.*

1606 *Macbeth.*

1606 1607 *Antônio e Cleópatra. Timão de Atenas.*

1608 *Coriolano. Péricles.*

1609 1610 *Cimbelino.*

1611 *História de Inverno. A Tempestade.*

1613 *Henrique VIII* (com Fletcher?). *Dois Nobres Fidalgos* (colaborador de Fletcher).

A vida de Shakespeare

1558 *Elizabeth,* rainha da Inglaterra.
1560 Maquiavel: *O Príncipe,* traduzido para o latim.
1564 Batismo de William Shakespeare (26 de abril), em Stratford.
1572 Autorização das companhias protegidas por um par.
1576 Construção do Theatre em Londres.
1579 Tradução de Plutarco por North.
1582 Shakespeare esposa Anne Hathaway.
1583 Batismo de sua filha Susanna.
1584 Lyly: *Sapho e Phaon.*
1585 Batismo dos gêmeos Hamnet e Judith. Chegada a Londres?
1587 Execução de Maria Stuart — Marlowe: *Tamerlão* — Kyd: *Tragédia Espanhola.*
1588 Destruição da Armada.
1591 Sydney: *Astrophel e Stella.*
1592 Ataques de Greene contra Shakespeare.
1593 Peste em Londres, fechamento dos teatros.
1594 Shakespeare na companhia do Lorde Chamberlain*.
1597 Compra de New Place, em Stratford.
1599 Revés na Irlanda e revolta de Essex.
A companhia do Lorde Chamberlain no Globe.
1600 Morte de John, pai de Shakespeare.
1603 James I sucede à Elizabeth e patrocina a companhia do Lorde Chamberlain. Florio traduz os *Ensaios* de Montaigne.
1605 Ben Jonson: *Volpone.*
Compra de dízima perto de Stratford.
1607 Casamento de Susanna com John Hall, médico em Stratford.
1608 Morte de Mary Arden, mãe de Shakespeare.
Os King's Men compram os Blackfriars.
1610 Volta a Stratford (ou 1612).
1613 Incêndio do Globe.
1616 Casamento de Judith com Thomas Quiney, comerciante de vinho.

* Nome da companhia patrocinado pelo lorde camareiro da coroa inglesa.

Morte de Shakespeare (23 de abril).
1623 Publicação do *Primeiro Fólio.*

A difusão da obra de Shakespeare

1600 *Tournées* à Alemanha e à Polônia.
1642 Fechamento dos teatros na Inglaterra.
1660 Reabertura dos teatros na Inglaterra, com atrizes nos papéis femininos.
1663 Adaptação de Davenant e Dryden.
1709 Primeira biografia por Rowe.
1723 Edição de Pope, de espírito clássico.
1734 Voltaire: *Cartas Inglesas.*
1741 *Júlio César* traduzido para o alemão.
1750 *Hamlet* adaptado para o russo.
1762 Traduções alemãs de Wieland.
1764 Jubileu do bicentenário em Stratford.
1769 Adaptações francesas de La Place e Ducis.
1772 *Hamlet* adaptado para o espanhol.
1776 Representações na Europa Central.
Traduções francesas de Le Tourneur.
1790 Edição crítica de Malone.
1796 *Vortigern and Rowena,* pastiche de W. Ireland.
1797 Traduções alemãs de Schlegel, completadas por Tieck.
1797 *Hamlet* traduzido para o polonês e para o espanhol.
1798 Viagem de Coleridge à Universidade de Göttingen.
1807 Lamb: *Contos Extraídos de Shakespeare.*
1816 *Otelo,* de Rossini.
1827 *Tournée* inglesa a Paris.
1840 Fundação da Shakespeare Society.
1853 Traduções para o tcheco.
1859 Tradução integral de F. V. Hugo.
1860 Tradução para o húngaro e para o turco.
1864 Fundação da Deutsche Shakespeare Gesellschaft.
1885 Adaptações para o japonês.
1895 Encenações elisabetanas de W. Poel.
1902 Traduções para o bengali.
1906 Tolstoi: *Shakespeare e o Teatro.*
1909 Traduções para o japonês.

1916 Traduções para o chinês.
1953 Traduções para o zulu.
1966 *Júlio César* traduzido para o suaili.

REPAROS CRONOLÓGICOS

1640 Início da Revolução da Inglaterra.
1642 Sublevação de Londres.
1660 Restauração na Inglaterra.
1666 Incêndio de Londres.
1688 Revolução parlamentar na Inglaterra.
1707 Ato de União entre Inglaterra e Escócia.
1724 Criação do Clube da Sobreloja.
1726 1729 Voltaire na Inglaterra.
1742 Young: *As Noites.*
1751 D'Alembert: *Discurso Preliminar à Enciclopédia.*
1763 Tratado de Paris.
1767 Lessing: *Dramaturgia de Hamburgo.*
1773 Goethe: *Goetz von Berlichingen.*
1781 Schiller: *Os Salteadores.*
1783 Independência dos Estados Unidos.
1789 Revolução Francesa.
1810 Primeiras revoltas na América Latina.
1815 Congresso de Viena.
1816 Karamzin: *História da Rússia.*
1825 Insurreição decabrista na Rússia.
1830 Hugo: *Hernani* — Puchkin: *Boris Godunov.*
1848 Revolução na Europa.
1855 Guerra da Criméia.
1867 Compromisso austro-húngaro.
1868 Revolução de Meiji.
1882 Os ingleses no Egito.
1890 Claudel: *Tête d'Or* (Cabeça de Ouro).
1910 Revolução no México.
1911 Revolução republicana na China.
1914 1918 Primeira Guerra Mundial.
1917 Revolução Russa.
1933 Hitler, chanceler do III Reich.
1939 1945 Segunda Guerra Mundial.
1947 Independência da Índia.
1949 Proclamação da República Popular da China.
1954 Autonomia interna da Tunísia.
1957 Descolonização da África.

PRIMEIRA PARTE

OS FATOS

Capítulo I

A Sociedade Elisabetana

"A Inglaterra teve Shakespeare quando ela pôde oferecê-lo a si" (Keynes). O crescimento de sua população, apenas refreado pelas ondas de peste, de 1578 e 1593, estimula a decolagem do capitalismo comercial. Colocada pelas grandes descobertas no coração das novas rotas atlânticas, a Inglaterra dos Tudors e dos primeiros Stuarts aproveita-se de seu longo duelo com a Espanha para tomar sua parte dos tesouros da América. Drake multiplica por 47 o capital dos comanditários de seu périplo em redor do mundo e permite à Rainha pagar suas dívidas externas assim como também investir na Companhia do Oriente, uma das novas companhias em comandita ou por ações que seguem as pegadas dos *merchant adventures*. Apesar dos perigos do mar (os comanditários de Frobisher em busca da passagem do Noroeste não recebem um *penny*), os lucros são muitas vezes enormes: 100% parece um mau negócio, 300 a 400%, uma taxa normal. Madeira e alcatrão, cânhamo e ceras bálticas, sedas e drogas do Oriente, ouro e marfim da África, de onde os escravos saem por contrabando, pimenta e especiarias arrancadas ao monopólio português convergem para os entrepostos de Londres. A fortuna de Veneza obseda os sonhos elisabetanos: a Rainha poderia esposar o Oceano como um Doge. Defronte, Antuérpia oferece a Gresham o modelo de sua Bolsa: o Royal Exchange converte Londres em um mercado financeiro. Todos esses tesouros marinhos animam as artes do fogo: minas de cobre e de estanho, minas de zinco e de ferro, carvão que substitui as florestas esgotadas, integram-se com a metalurgia em empresas nitidamente capitalistas. Esses novos homens de negócios partilham os monopólios distribuídos pela Coroa com os cortesãos, que são assim custeados em suas despesas públicas, à falta de um sistema fiscal moderno. Sendo já grandes adquirentes de bens eclesiásticos desde a ruptura com Roma, procuram as terras de antigas famílias arruinadas pelas guerras, pela alta dos preços, pela vida da corte. Yorkshire e os outros novos centros rurais de tecelagem demandam uma quantidade crescente de lã, Londres, os portos, os burgos em pleno desenvolvimento, cada vez mais alimentação.

Ainda que essa nova economia não progrida em curvas ou por saltos, salvo a partir de alguns pólos de crescimento, o lucro, nova regra do jogo dessa sociedade em mutação, enfraquece a solidariedade dominial e corporativa para a inquieta indignação dos moralistas. Os novos-ricos não têm sequer essas tradições paternalistas que levam um Northumberland a fazer de um camponesinho o matemático Harriot. A chegada de produtos de luxo alimenta a febre de ouro e os sonhos alquimistas. À falta de ricos casamentos, recorre-se aos usurários, libertos do interdito medieval pela lei de 1571; mas a taxa autorizada de 10% não é respeitada senão nas transações comerciais, é 40 ou então 100% que é extorquido da *jeunesse dorée* ou dos trabalhadores indefesos.

Enquanto os *yeomen* enriquecidos, apesar de suas inquietudes, podem enviar seus filhos à Grammar School e as novas camadas podem rivalizar em matéria de fausto com os sobreviventes da antiga classe feudal, a cercadura das terras priva os pequenos camponeses do uso das terras comunais (a partir de 1549, os "niveladores" de Norfolk se insurgiram contra o fim dessas relações de servidões coletivas); ela não impede a escassez dos anos 1549-1597 que faz correr sangue nos burgos e nos campos. Os salários dos trabalhadores não acompanhavam a alta dos preços, e o desemprego torna-se crônico entre operários têxteis quando a guerra fecha o Continente em boa parte dominado pela Espanha. Desde a epidemia de 1594, a peste ameaça, endêmica durante dez anos, perigosa sobretudo nas cidades superpovoadas. Malgrado a vontade de assumir sua função de defensor dos pobres, o governo não pode controlar certos mecanismos reguladores da economia e não sabe agir contra as crises que freiam a expansão de 1586, quando da morte de Elizabeth, antes da volta à prosperidade do começo do novo reinado.

A maioria dos elisabetanos conservam, no entanto, as concepções medievais de um corpo político concebido como um organismo hierarquizado, onde as diferenças de classes e de posição substituem a ordem natural e asseguram a concórdia entre os membros da comunidade, se cada qual assume a sua função. Nascida de antigas condições de vida nos quadros sociais restritos, essa doutrina, desenvolvida pela Igreja, choca-se com as novas estruturas econômicas e sociais. A solidariedade para com os vizinhos sofre um duro golpe pelo individualismo dos novos estratos: isso não aparece em parte alguma tanto quanto em Londres, onde se mesclam todos os elementos de uma sociedade em crise, ao redor das tavernas ou no recinto dos teatros.

Capítulo II

Shakespeare e a História

I. A Visão Elisabetana do Mundo e o Mito Tudor

Um Estado Ameaçado

Freqüentemente às portas da guerra civil a Inglaterra dos Tudors conviveu com uma crise de sucessão, com seu cortejo de rebeliões nobiliárias, revoltas agrárias e querelas religiosas: a morte do príncipe Artur deixou a Henrique VII apenas um herdeiro masculino de dez anos; Henrique VIII repudiara suas mulheres em série para conseguir uma descendência masculina; Eduardo VI havia deixado a coroa a uma mulher pela primeira vez desde o século XII; quando da morte de Maria, a guerra em curso entre seu marido Filipe II e o rei de França evitara a crise. Elizabeth, fortemente pintada de branco como uma gueixa, coberta de jóias como um ídolo, rígida como uma divindade dentro de um de seus três mil vestidos, podia muito bem colocar sua aparente eterna juventude a serviço do prestígio monárquico, compor-se com a tradição parlamentar, arbitrar a rivalidade dos conselheiros prudentes, os Cecil ou os Bacon, e dos favoritos belicosos, Leicester ou Essex, sempre ameaçados de desgraça; ainda assim permanecia sempre uma bastarda, ao mesmo tempo deserdada por seu pai, contestada pelos católicos depois da excomunhão pontifical de 1570: o fato de a pretendente ser uma adúltera homicida não impedia que sua execução fosse um regicídio, exemplo perigoso após o assassinato de Henrique III. Apesar da decapitação de Maria Stuart, o grande reinado se consumia numa guerra interminável a despeito das façanhas de Drake e da derrota da Armada; a revolta da Irlanda terminava com a louca tentativa de Essex.

A Ordem Hierárquica

A necessidade de ordem de um século tão conturbado teria que reforçar seu apego a uma concepção de mundo segundo a qual a unidade do cosmo, onde cada um encontra seu lugar bem definido, afirma a perfeição de uma ordem divina que pode perturbar a ação do homem pecador. Nesse sistema cosmológico que amalgama ao cristianismo medieval as especulações neoplatônicas redescobertas pelos humanistas, a unidade do plano divino é assegurada por um jogo de correspondência entre os diversos níveis de conhecimentos, universo espiritual, macrocosmo do mundo físico, corpo político e social, microcosmo do ser humano. O homem, formado pelos quatro elementos, contém espíritos vegetais e animais ao lado de sua alma racional; seu calor vital corresponde ao fogo subterrâneo, suas veias aos rios, sua respiração ao vento, a explosão de suas paixões às tempestades e aos tremores de terra.

Esses diversos níveis são organizados segundo uma hierarquia (*degree*) a conduzir objetos inanimados ao arcanjo mais próximo do trono de Deus. O homem, semi-animal por sua sensualidade, semi-anjo por sua inteligência, ocupa aí uma posição central tanto mais interessante quanto é o único ser a viver em sociedade. Uma hierarquia perpendicular à precedente domina cada nível da ordem cósmica: Deus à testa de todo o universo, como o sol entre as estrelas, o rei no Estado, a alma no corpo, a justiça entre as virtudes, e até o leão entre os animais, a rosa entre as flores, o ouro e o diamante entre os metais e as pedras. Falar de

Ricardo morto como de uma rosa fanada é mais que uma metáfora ronsardiana sobre a brevidade da vida; é uma afirmação de sua essência real.

A ordem é portanto o princípio fundamental do universo. Deus prescreveu aos corpos celestes sua trajetória geocêntrica (o sistema homocêntrico de Eudóxio e de Aristóteles persiste apesar de seu abandono pelos astrônomos em proveito do sistema ptolomaico dos epiciclos ou das novidades copernicanas); Deus deu a cada homem a razão para julgar o conflito permanente dos quatro humores fundamentais ligados aos quatro elementos; Deus colocou à frente do Estado um magistrado para representá-Lo na terra e se fazer obedecer por todos para o bem comum.

A Teologia da Rebelião

A rebelião é, pois, o pior pecado, uma vez que destrói a ordem social, reflexo da ordem cósmica. A desordem em um certo nível repercute em todos os outros: se um súdito mata o rei, o chacal destronará o leão. Os humanistas como Sir Thomas Elyot ou Richard Hooker se unem aqui aos homiliastas da Igreja estabelecida, deduzindo da Epístola aos Romanos que o dever religioso é obedecer ao soberano, pois "aquele que resiste à autoridade se rebela contra a ordem estabelecida por Deus". Após a excomunhão de Elizabeth, os homiliastas haviam refutado os argumentos em favor de uma rebelião circunstanciada; os rebeldes, os piores dos homens, não podem pretender julgar seu soberano; à medida que não ordenar nada em contrário à lei divina, o opressor deve ser obedecido, porque Deus pode tê-lo enviado para fazer o povo sofrer provas purificadoras tendo em vista o resgate de seus erros passados.

O Mito Tudor

Os Tudors tinham, portanto, utilizado os serviços de seus historiógrafos, como o latinista Polidoro Virgílio para apresentar as perturbações do século XV como a punição pelo assassinato de Ricardo II e como o prelúdio necessário ao perdão divino, manifestado pelo advento ao trono de Henrique VII, de ascendência lancastriana, cujo casamento simbólico com Elizabeth de York restabelecia a unidade destruída pela Guerra das Duas Rosas: o vencedor de Ricardo III não era um rebelde, mas o instrumento da justiça divina. Descendente de reis bretões por seu avô Owen Tudor, Henrique VII tornava-se mesmo um novo Artur a reconciliar "bretões" e "saxões" na alvorada de uma outra idade de ouro.

O mito, retomado por Thomas More, para sua *História de Ricardo II,* foi amplificado pelos cronistas: Hall evocou a *União das Duas Nobres e Ilustres Famílias de Lancaster e York* (1548) e Holinshed remontou aos tempos legendários nas suas *Crônicas da Inglaterra, Escócia e Irlanda* (1577). As mesmas intenções didáticas animam o *Espelho dos Magistrados* (c. 1550), recolha de biografias edificantes onde autores moderados, próximos à Corte, põem a monologar os espectros dos homens de Estado, de Ricardo II a Henrique VIII; para eles, se um súdito cristão deve obedecer mesmo a um rei judeu, a tirania de Ricardo III basta para justificar a revolta de Henrique VII.

Os Dramas Históricos Elisabetanos

Enquanto que os mistérios medievais interpretavam a história humana em função do papel redentor de Cristo, os dramaturgos elisabetanos tomaram às moralidades o velho tema da Roda da Fortuna e a personagem bufanesca do Vício para enxertá-los na tradição humanista de análise das virtudes e dos erros dos homens de Estado. Os cronistas forneciam exemplos próprios para exaltar o poder nascente da nação e para oferecer como lição a seus contemporâneos a imagem dos problemas do presente no espelho dos acontecimentos do passado. Os *chronicle plays* se limitavam a um desenvolvimento cronológico pouco elaborado, permitindo no entanto a John Bale converter o seu *King Johan* (1536) num instrumento de propaganda antipapista. Edificando *Gorboduc* (1561) sobre o tema do reinado posto em perigo por uma crise de sucessão, Norton e Sackville haviam escrito o primeiro drama histórico. A reedição de Holinshed em

1587, justamente antes da derrota da Armada, devia relançar um gênero abandonado por um certo tempo. Ainda que Marlowe, sensível às variações da Fortuna, negasse a existência de um plano político-divino, e condenasse a ambição do jovem Mortimer revoltado contra *Eduardo II*. O espírito das *Homilias* animava o heterogêneo *Sir Thomas More*, um *Rei João* anônimo e o *Eduardo IV* de Heywood; somente o autor desconhecido de *Woodstock* justificava a rebelião em certos casos. Centrando sua obra na educação do príncipe, o autor de *Eduardo III* procurava o modelo de um soberano ideal, cuja coragem é equilibrada pelo controle de seus maus impulsos.

II. As Idéias Políticas de Shakespeare

A Recusa de Maquiavel

Shakespeare viveu o abalo da visão teocósmica do mundo sob os golpes de Copérnico, de Montaigne e de Maquiavel.

Aviltado em público, sem dúvida reverenciado em segredo pelos pensadores políticos, pois os fatos pareciam concordar com uma observação pessimista como a predestinação calvinista, Maquiavel exerceu profunda influência sobre os poetas e os dramaturgos ingleses traumatizados e fascinados pela noite de São Bartolomeu, sem que tenham compreendido perfeitamente a "visão grandiosa de um país que aspira a sua unidade com lágrimas e com sangue", além das rivalidades mesquinhas e das invasões estrangeiras. Eles retiveram apenas a imagem de uma sociedade caótica dominada pela lei da selva, sanção da perversidade entranhada no homem, e os ataques contra uma religião acusada de glorificar a humildade contemplativa à custa da *virtù* necessária ao homem de ação, que deveria "ser raposa para conhecer as armadilhas e leão para fazer medo aos lobos" (*O Príncipe*, XVII). Eles desviaram o maquiavelismo positivo para o tipo caricatural do "maquiavel", amoral e dominador, cínico com volúpia, consagrado à abominação do público, simples transmutação da personagem medieval do Vício cuja função dramática ele preenchia exatamente.

Shakespeare cedo recusou essa "espécie de bicho-papão, símbolo do ateísmo, das intrigas dos jesuítas, da desordem social, e até da peste, da inundação, da fome e da esterilidade" (Reese, *op. cit.*) que podia achar em Marlowe. Para ele, o maquiavelismo desembocara numa bancarrota total, tanto política quanto moral. Os "maquiavéis" são apenas homens pervertidos pelo seu próprio infortúnio, deformidade de Ricardo III, complexo racial de Aaron, bastardia humilhada de Edmundo; somente Iago não tem necessidade de compensação que motivaria seu comportamento. Entretanto todos terminam num revés: chegando ao topo de sua ascensão sangrenta, "a força devoradora se devora a si mesma e o instinto de rapina que Maquiavel assegura ser a condição comum da Humanidade se revela o caminho real da anarquia" (Reese, *op. cit.*).

O rei que morre não está só ao morrer (*Hamlet*, III, 3,15).

Apesar da ameaça múltipla dos separatistas, católicos entregues ao tiranicídio em favor de um estrangeiro, ou seitas puritanas querendo reformar a Igreja, capitalistas recusando o paternalismo estatal, intelectuais perturbados pelo abalo dos fundamentos cósmicos da cidade, Shakespeare, ao contrário de Marlowe, aceita a obediência à autoridade, único penhor de uma comunidade harmoniosa onde governantes e súditos trabalham juntos para a preservação de uma ordem social aceitável para todos, mesmo se ela despoja a majestade real de todas as suas aparências falaciosas.

O simbolismo da coroa, colocada com o trono no centro da cena, e sobretudo no coração do rei (*Henrique* VI, III, 1, 62), cauciona a ordem hierárquica, mas sem valor se não for acompanhada de uma relação de benevolência recíproca a deixar a cada um a responsabilidade de seus atos. "Os serviços de cada súdito pertencem ao Rei, mas a alma de cada súdito é seu bem exclusivo" (*Henrique V,* IV, 1, 45). A ausência desse elo ético carrega o germe da rebelião e perverte a natureza: Lady Macbeth faz seu leite se transformar em fel. Mas a rebelião é condenada à sua própria destruição: os inimigos de Henrique IV não conseguem se entender a fim de reconstruir o reino. Se a revolta é por vezes justificada, somente a intervenção de Deus permite escapar às conseqüências do que permanece a falta mais grave. Embora a tirania ou a fraqueza do príncipe comportem risco de morte para o Estado, ninguém pode destruir a própria idéia da necessidade de um governo concebido não como a criação artificial do príncipe, mas como um ser vivo.

A Revolta Destrói a Sociedade

Desde que Maquiavel matou a idéia de uma inocência fundamental do homem, um poder forte é com efeito necessário à sobrevivência da sociedade. Partindo para a construção de uma utopia igualitária e fraternal, os camponeses revoltados contra Henrique VI alienam sua vontade de liberdade numa nova servidão no seio de uma anarquia sangrenta. Certamente Cade suprime a moeda e coloca as terras como bem comum, mas manda matar, como inimigo do povo, a quem saiba ler e falar a língua do inimigo, e obriga todas as moças do reino a oferecer a seus desejos as primícias de sua virgindade. Essa revolta popular, amplificada às dimensões da insurreição de Wat Tyler, é apresentada como revolta da tolice contra a inteligência, termina quando Cade é morto por um fidalgo do Kent, guardião desambicioso da ordem hierárquica. Shakespeare, cheio de simpatia pelos deserdados, não é favorável à injustiça social, mas recusa-se a enxergar o remédio numa grosseira revolta camponesa, a seu ver, de destruições negativas: ele não pode encarar os niveladores senão com os olhos de Coriolano.

O Poder é Corruptor

Mas o reconhecimento da necessidade do poder não implica a aceitação de um absolutismo infrene. A Reforma deu ao soberano o dever de defender a religião, sem que ele chegue a assegurar uma comunidade de fé; malgrado as perseguições, o espírito mesmo da Reforma e a multiplicação das seitas puritanas levaram a respeitar as consciências. Ao fazer do machado o fundamento da lei, Ricardo III revela sua tirania.

Shakespeare não podia considerar os determinismos econômicos ou culturais como motivações de um homem de Estado. Para ele, o homem público deve primeiro possuir as qualidades que permitam ao particular governar sua própria natureza. Mas, Shakespeare não tem ilusões a respeito da violência do apelo das sereias que espreitam a quem alimente a esperança da glória do mundo. No melhor, pesado fardo para Henrique VI que lamenta não ser pastor, o poder é em si corruptor: o virtuoso Ângelo não pode resistir à prova. Para poupá-lo de sujar seu passado, Brutus mata César fascinado pela coroa. No pior, o poder incita seu detentor a escapar das normas para saciar todos os seus desejos. Para o homem de Estado ideal, a força astuciosa de Ricardo III, a coragem de Talbot e o patriotismo simplista de Faulconbridge não bastam mais que o misticismo da coroa de Ricardo II. No mundo de Maquiavel, um monge malogrado como Henrique VI não pode pretender dirigir, como não podem os Brutus atormentados por escrúpulos. Como Henrique IV, o Príncipe deve saber carregar o fardo de suas responsabilidades. Ele deve conseguir a obediência de seus súditos por sua própria dedicação e não os desprezar como Coriolano. Henrique V pareceu próximo do Príncipe sonhado por Shakespeare: senhor de si, corajoso, desinteressado, ele sabe compreender aqueles que deve governar; não lhe passa despercebido que isso que Henrique VI possui, tão falso em todos os outros sentidos, é uma humanidade que Shakespeare chama amor.

III. Shakespeare e a História da Inglaterra

Embora as perspectivas políticas sejam tema de inúmeras tragédias e mesmo de comédias, elas são o próprio motor dos dramas históricos compostos durante o último decênio do século.

Henrique VI ou a Fraqueza do Poder

Por ser ainda uma criança, Henrique VI não pode impedir o esboroamento da ordem monárquica que acarreta a queda da dominação inglesa na França. Com desprezo pela cronologia, pois ele mata Talbot antes de Joana d'Arc, Shakespeare afirma sobretudo o orgulho nacional personificado nesse soldado corajoso sem grande senso político, herói de causas perdidas, vítima das maquinações de uma feiticeira, apresentada como amante do Delfim. Concede, no entanto, a Joana um sentido patriótico capaz de tornar a trazer Borgonha para o campo francês pela evocação da "grande pena" de um reino dividido. É o mesmo apelo sentimental ao orgulho nacional que reconquista as massas abaladas por Cade. Mas essa revolta é também o prelúdio do conflito desencadeado entre os Grandes pelo desafio lançado por Ricardo de York aos Lancasters no Jardim do Templo. A fraqueza impotente de um rei demasiado generoso, nem leão, nem raposa, traído pela rainha e seu amante, não pode arbitrar as rivalidades de seus conselheiros, nem prevenir as manobras contra o íntegro Gloucester comprometido pelas intrigas de sua mulher com os necromantes. Vermelhas como o sangue, pálidas como a morte, as rosas desintegram a ordem cósmica num encadeamento apocalíptico de assassinatos e combates sem mercê: um pai que acaba de matar seu filho cruza com um filho assassino de seu pai; para vingar seu pai, o jovem Clifford enforca o filho mais jovem de Ricardo de York. A guerra escarnece os valores espirituais: Ricardo, cativo e arrependido de ter deserdado o próprio filho do rei em seu favor, é apresentado à imagem de Cristo, cingido por desprezo com uma coroa de papelão pela rainha Margarida que, Verônica sacrílega, ousa enxugar-lhe a face com o lenço tinto do sangue de seu filho. A vitória dos filhos de York, triplos assassinos do príncipe herdeiro, abala um pouco mais a ordem cósmica quando o irmão do novo rei vai matar Henrique VI na Torre: a humildade e o amor são destinados à derrisão no mundo de Maquiavel.

Ricardo III ou a Tirania

A tirania não é a melhor resposta à dissolução da ordem antiga. Impelido à vingança pela obsessão de sua deformidade e do assassínio de um pai amado, Ricardo aparece como o flagelo de Deus, "grande úlcera do corpo político no qual são drenadas todas as suas impurezas" (Tillyard), atingindo todos os que causaram a desgraça do país para levá-los a expiar seus delitos no remorso. Mas é também o monstruoso "maquiavel" colocando sua *virtù* a serviço de sua vontade de poder. Super-homem como o Tamerlão de Marlowe, procurando, como Fausto, dominar o mundo, fascina até as suas vítimas: Lady Anne se entrega ao assassino de seu pai e de seu marido "a fim de provar a si mesma que todas as leis do mundo cessarem de existir" (J. Kott). "Aranha inchada" que envisca suas vítimas, ele sobe a grande escada que o separa da coroa deixando a cada passo um cadáver. Mais lúcido que a sua *entourage,* lança as bases de uma sociedade sem amor nem confiança num mundo corrompido, onde a astúcia da raposa e a agressividade do leão são os valores supremos. Mas, vingadoras do sangue dos filhos de Eduardo, as rainhas depostas apelam por suas maldições encantatórias aos espectros de suas vítimas para obcecar-lhe o sono à alvorada do combate de Bosworth. Apanhado na grande engrenagem do assassinato, ele está demasiado endurecido para reencontrar no arrependimento os valores humanos que negou; não tem outra saída salvo o abismo para onde o acossa a matilha de seus perseguidores, sem encontrar o cavalo que vale mais que um reino. Richmond, esposo de uma primeira Elizabeth, arcanjo vencedor desta psicomancia, se faz instrumento da volta à ordem hierárquica e do perdão para "fechar as feridas civis... com o amém de Deus".

O Rei João ou a Independência Nacional

A ameaça de deposição de Elizabeth foi acompanhada de uma ameaça de intervenção externa. Os partidários de Maria Stuart contestavam, por bastardia, seus direitos à coroa como os fiéis de Artur da Bretanha, os de João, irmão caçula do pai de Artur. Mas a maior parte dos elisabetanos recusava uma arbitragem pontifical em favor dos opositores que aceitavam o apoio de um soberano estrangeiro: o apelo dos grandes barões a Filipe Augusto sustentado por Inocêncio III refletia o dos senhores católicos a tramar com Filipe de Espanha após a sentença de Pio V.

O mito da Magna Carta nasceu do conflito entre os Stuarts e seus Parlamentos: Shakespeare quer ignorá-lo tanto mais quanto o artigo 61 legitima uma revolta contra um rei que não cumpre mais seus compromissos. Portanto ele simplificou os dados históricos para melhor condenar todas as revoltas contra um soberano que só deve contas a Deus, mesmo que lhe cumpra assegurar a estabilidade do reino a preço do assassinato de Artur ou da execução de Maria Stuart.

A significação histórica de João, campeão das liberdades da Inglaterra frente ao Papa e a seus agentes, importa mais que sua medíocre personalidade; como ele não pode assumir as qualidades de seu Estado, Shakespeare conservou a personagem imaginada pelo autor do *Reinado Conturbado do Rei João,* Faulconbridge, filho de Ricardo Coração de Leão, resgatando-o do tipo tradicional do bastardo fanfarrão e cínico, substituindo-o pela figura do rei enfraquecido e cruel e levando-o, à imagem de Elizabeth e de Dunois de Orleans, a juntar no seu patriotismo, a generosidade à força e à astúcia.

Ricardo II ou o Mito da Coroa

Marlowe mostrara em *Eduardo II* (1592) um rei perdido por seus vícios e sua inconsciência das forças políticas. Mas Shakespeare insere numa situação histórica muito mais significativa um rei que se tornou o símbolo da Roda da

Fortuna e cuja deposição é a origem da crise desencadeada em Bosworth. "Rei de Teatro Experimental", o último Plantageneta aparece como taumaturgo sagrado a viver entre as pinturas heráldicas e os jardins floridos onde passa a sombra dos unicórnios, "sol saindo das nuvens" inadaptado à sua função diante do realista Bolingbroke para quem o poder resulta da força de decisão mais do que de uma consagração sacramental. Ao ocultar a sensualidade de Ricardo e sua participação no assassinato de Gloucester, Shakespeare pôde lhe conferir uma lucidez irônica diante de seu destino patético, resgate de faltas que não podem justificar uma rebelião.

Antes fraco do que não-violento, como Henrique VI; vencido por sua falta de princípios, como Brutus pela rigidez dos seus; ansioso em sua contemplação narcísica, como Hamlet na busca do universal, Ricardo II fecha-se em si mesmo para representar como artista a vida que Ricardo III representava na ação. "Vítima de olhos abertos" pelo espetáculo de uma mácula inadequada à sua missão divina, limitado a não ser mais do que "rei de suas dores", assiste com um fatalismo mórbido ao grande cerimonial de sua dessacralização ritual, reduzido a embriagar-se com as metáforas refinadas de seu delírio verbal.

Henrique IV ou a Educação do Príncipe

O fim da segunda tetralogia faz parelha com o prólogo da primeira, mas substituindo as personagens negativas pelo esboço do príncipe ideal, segundo os elisabetanos.

Bolingbroke deve sofrer, com má consciência, as conseqüências de sua usurpação: sua elevação engendrou a rebelião de cúmplices arrivistas ou matadores estúpidos, sonhando com o apoio dos escoceses ou dos galeses para dividirem o reino; demasiado desconfiado para entender a oferta de paz real, à sinceridade calculada, só podem entravar o retorno à paz, encobrindo suas ambições com especiosas invocações de honra. Ainda mais que da "nostalgia de uma ordem que ele não tem esperança de restabelecer", a tragédia pessoal do Rei nasce da conduta inquietante do Príncipe Hal a pressagiar um futuro conturbado. Fugindo aparentemente ao aprendizado da realeza para desafiar cinicamente os representantes da lei em companhia de bandalhos e prostitutas, o Príncipe guarda de fato a lucidez impiedosa e fria de uma inteligência sarcástica na sua experiência estudiosa dos *basfonds*.

Antítese dramatúrgica do Príncipe, Falstaff, soldado fanfarrão, enorme bêbado libertino, transborda de uma vitalidade complacente a todas as fraquezas da carne, mas bastante lúcido para querer sobreviver a uma guerra de causas demasiado suspeitas para que honra e glória não sejam outra coisa senão ilusões infantis de valentes desmiolados, ou um engano destituído de sentido entre os lábios de políticos egoístas em face de suas responsabilidades. Mas, eterna criança como Pickwick, louco clarividente como Schweik, Falstaff é também esse gatuno enredador cujo paternalismo corruptor deve ser rejeitado para a saúde do Estado.

O príncipe não deve, entretanto, tomar como modelo o cavaleiro feudal sujeitado a uma falsa concepção de honra. Enquanto afirma em Shrewsbury um valor militar posto em dúvida por sua vida dissoluta, Hal mata também em Hotspur o provinciano cego pelo desejo de glória, incapaz de controlar suas paixões, matador de algumas dezenas de escoceses antes do *breakfast*.

Quando deve, enfim, dar prova de civismo, Hal rejeita o maquiavelismo vergonhoso de seu pai e o rigor pérfido de seu irmão Lancaster para confiar ao Grande Preboste, magistrado civil escolhido por seu respeito à justiça, o cuidado de guiar os primórdios de sua carreira real: segundo o voto do *Espelho dos Magistrados*, os legistas apoderam-se da sucessão dos clérigos.

Henrique V ou a Consciência do Rei

Henrique V teve de expiar por seu filho a deposição de Ricardo. Henrique V deve submeter à necessidade política as preferências instintivas de uma consciência moral regenerada pela sagração; a guerra acaba por lhe revelar as servidões que pesam sobre o homem de Estado: precisa mandar executar ladrões e conspiradores, enforcar prisioneiros que poderiam retomar o combate, ameaçar de pilhagem, de violação e de assassinato para obter a rendição de uma cidade aterrorizada. Mas se tende a querer justificar-se lançando sobre os outros a responsabilidade de sua má escolha eventual, discerne as implicações trágicas de uma situação que exige dele o abandono de sentimentos humanos: responsável pela morte de homens que envia ao combate, não o pode ser de sua danação; isolado por sua própria condição, não lhe resta senão a máscara do anonimato para buscar junto de seus soldados um pouco de fraternidade humana.

A tetralogia acaba pela glorificação de um reino nacional em expansão: à corte cavalheiresca feita por Henrique a Catarina de França corresponde a presença do galês, do irlandês e do escocês no exército do Rei da Inglaterra, alargando pela primeira vez o mito Tudor até a sua componente "bretã", no momento em que Essex partia para a Irlanda, a fim de submetê-la à soberania de um Estado moderno.

As dificuldades do fim do reinado deviam conduzir a tragédia a tomar a vez do drama histórico que contenha certos germes desta: o monólogo da noite de Azincourt está repleto das incertezas de Hamlet assim como da resolução de Fortinbrás. Mas, sucedendo sem problemas a Elizabeth, James I ia encerrar o ciclo Tudor e conduzir Shakespeare a abordar outros temas políticos no quadro das peças romanas, das tragédias e dos romances.

IV. As Tragédias Políticas

Homem atípico em relação à sociedade em que vive, o herói trágico atiça sua energia com uma força que o ultrapassa, num conflito onde sua revolta lhe traz seu destino em forma de sacrifício humano. Desde a primeira grande tragédia elisabetana, Marlowe tinha mostrado em Tamerlão uma figura de rebelde a criar sua ordem pessoal às custas de uma sociedade desmoralizada, tanto que a morte não havia detido o "flagelo de Deus". Mas Shakespeare conserva em suas tragédias políticas as concepções dramatizadas nas histórias. A legitimidade é aí substituída pela escolha (de Antônio por César) ou pelos méritos reconhecidos (em Coriolano). Mas nenhum soberano está ao abrigo das flutuações da Roda da Fortuna: César é morto à véspera de ser proclamado rei, Duncan só escapa ao antigo Thane de Cawdor para tornar-se a vítima do novo. A revolta destrói sempre a ordem celeste, e o assassinato engendra o sobrenatural: os cometas anunciam a morte de César, e o espectro de Banquo aparece à testa de uma linhagem de reis. A ação trágica parte assim desta queda do príncipe, "pai original" freudiano, pela morte real ou pela abdicação; mas a vingança é para os fiéis um dever exaltante: por alimentar o desejo de vingar César, Antônio extrai o poder que Brutus lhe negava após a morte de César. O soberano aparece assim sob dois aspectos simbólicos: o soberano deposto ou assassinado, cujo desaparecimento perturba a sociedade, e o soberano fortalecido com os seus sucessos, ao mesmo tempo soberano apolíneo da natureza e senhor dionisíaco da fortuna, manifestando pela vitória a perenidade da ordem social, ao preço de um trabalho de Sísifo, incessantemente renovado.

O Pesadelo do Assassinato

Macbeth é a mais simples versão trágica dos temas das histórias: o assassino de Duncan mergulha a Escócia na doença até a morte do usurpador homicida. Revoltado contra a ordem divina, o crime de Macbeth, obscurecendo o sol, é uma queda na pura negatividade do mal. Por ter matado durante a noite seu hóspede real adormecido, Macbeth destruiu a autenticidade de sua nobreza inicial, invadido pelo medo obsessivo do assassinato, ele assassinou o sono. Mas Macbeth, que matou, para sair do pesadelo viscoso de sangue onde se entredevoram os cavalos do Apocalipse, continua a matar sem poder expulsar os fantasmas das vítimas. Lorde do Misrule a reinar sobre um reino eterno, Macbeth recusa em vão seu passado: não lhe resta mais senão assassinar até que o bosque de Birnam suba até Dunsinane como a procissão de Maio, vencedor das trevas do inverno. Por ter impelido a um assassinato viril o homem que não lhe pôde dar filhos, Lady Macbeth não consegue obter perfumes da Arábia capaz de lavar a mancha de sangue que suja sua mão patrícia; para a rainha sonâmbula também a vida nada mais é do que uma "história contada por um idiota e destituída de sentido", cuja única saída é uma morte miserável. Em face ao par maldito inspirado por feiticeiras infernais crocitando nas encruzilhadas, como as que James VI se comprazia em acossar na Escócia, a revolta de Macduff é um ato de justiça, aprovado pelo "Santo Rei" Eduardo, o Confessor, mesmo em proveito de um homem inquieto diante dos instintos perturbadores que ele sente brotar em si. Ao concluir *Macbeth* com o anúncio da coroação ritual de Malcolm em Scone, Shakespeare conduz a temática das histórias à glorificação de um ancestral de James I, novo protetor de sua companhia.

As Peças Romanas

Shakespeare "trata Plutarco como ele havia tratado Holinshed" (H. Fluchère). Ainda que os romanos houvessem sido primeiro republicanos pagãos, e por aí estranhos ao mundo monárquico cristão, continuavam sendo o povo político por excelência em uma época em que as leis das nações européias decalcavam mais ou menos as de Roma e onde a educação utilizava a língua de Roma para erigir como modelos seus pensadores e seus poetas. A história romana era portanto uma mina de motivos trágicos para os dramaturgos de Lodge e Ben Jonson a Marston, Heywood e Chapman.

Titus Andronicus é, no entanto, mais uma tragédia da vingança, como a *Tragédia Espanhola,* de Kyd, do que uma tragédia política, embora sejam aí tratados problemas de sucessão; mas é sobretudo uma seqüência senequiana de atrocidades frenéticas, por vezes tomadas emprestadas a Ovídio, de mutilações de Lavínia violada no festim de carne humana, terminando em loucura de homicídio num massacre geral.

O Problema do Tiranicídio

O assassinato de Henrique III e a execução de Maria Stuart tinham colocado aos elisabetanos o problema do tiranicídio.

Dante metera Brutus e Cássio juntamente com Judas no último círculo do inferno, mas, para inúmeros humanistas elisabetanos, Brutus encarnava a luta da Liberdade contra a Tirania; pouco sensíveis à idéia cesariana de unificar pela realeza povos de tradição monárquica, majoritários num Império em expansão, demasiado vasto para guardar as instituições de uma cidade do Lácio, esses humanistas viam sobretudo em César aquele que se concebia como um deus, desejando unir a seus poderes o nome, odioso desde Tarquínio, de uma realeza cuja substância ele já possuía. Mas cabe ver uma apologia do tiranicídio numa peça que acaba pela morte dos assassinos e o triunfo dos cesarianos?

Júlio César é a tragédia de Brutus. César aparece aí como herói, exaltado, tirano não tirânico, admirado por seus inimigos, tomando Brutus para seu conselheiro, deixando Cássio em liberdade. Para que o assassinato de César não pareça ditado pela sede de sangue, Cássio tem necessidade de Brutus, o ódio ao tirano tem necessidade da virtude. Por amar a virtude, tem a amizade de César, mas sua felicidade passa pela virtude de Roma; para salvar a virtude de César dele próprio impedindo-o de receber a coroa de um povo corrompido, cumpre oferecê-lo em sacrifício aos deuses, guardiães da moralidade pública. Mas por ser Brutus "um homem honrado", ele recusa o vaidoso Cícero, indigno de purificar a República; por não acreditar na retórica brilhante, permite a Antônio falar nos funerais de César; por ter assim salvo o espírito de César, só lhe resta morrer para legar o exemplo de sua virtude. Seu estoicismo tanto quanto o epicurismo de Cássio não pode guiar o mundo da *Realpolitik:* o tiranicídio fez de César uma vítima e de Brutus um criminoso, precipitando o triunfo dos homens lúcidos que sabem aliar a astúcia da raposa à força do leão.

A Cidade Dividida Contra si Mesma

Malgrado uma compaixão sentimental pela miséria dos pobres, Shakespeare partilhava da inquietude dos possuidores e dos concessionários de dízimos ante a maré montante dos movimentos puritanos radicais e o "comunismo anabatista". Para ele como para Maquiavel, "a multidão é incontrolável como águas em fúria" (*O Príncipe,* XXV). Ele já havia mostrado os excessos dos partidários de Cade e a instabilidade passional da última plebe da República, indiferente a tudo, contanto que tenha pão e jogos, pronta a renegar seus aplausos a César quando Brutus apresenta sua morte como libertação, antes de se voltar contra Brutus quando Antônio lhe faz saber que ela é a herdeira de César. Ele transpôs para o passado romano os problemas suscitados pelos motins dos niveladores de maio de 1607, protestando contra a cercadura dos terrenos comunais, gerador para os pequenos camponeses de uma escassez agravada pela usura e pela especulação sobre os grãos.

Em *Coriolano,* cada classe expõe sua descrição da realidade social e seu próprio sistema de valores. Menênio Agripa defende pelo apólogo liviano dos membros e do estômago o solidarismo funcional e orgânico dos patrícios, eco da doutrina da ordem hierárquica. Coriolano censura aos tribunos da plebe sua brutal dicotomia entre governantes ricos e governados pobres, mas querendo justificá-la por uma contradição entre nobres sábios e vis imbecis.

A guerra, primeira confrontação, parece dar razão ao solidarismo patrício: Coriolano refaz a unidade do povo em uma guerra vitoriosa, mas sem a menor compreensão por aqueles que ele toma por incorrigíveis facciosos, sempre prontos a fugir ao combate por uma covardia inata. Mas seu sistema de valores volta a ser posto em causa por sua própria vitória: as autoridades de ocupação impõem aos vencidos um regime de terror; a plebe vitoriosa se degrada na pilhagem. Porque o super-homem se recusa a falsificar sua verdade se apresentando ao controle popular, a segunda confrontação no Fórum, transforma os pequenos tribunos rancorosos e indigentes em defensores da Liberdade; o desprezo de seu povo exclui Coriolano da comunidade romana e conduz o ditador inumano a passar ao serviço do inimigo e o defensor da ordem a se transformar em rebelde, tornando-se, aos olhos de Shakespeare, tão monstruoso quanto a turba.

Todavia, tanto quanto mais Macbeth não consegue aceitar o fato de ser um assassino, Coriolano não consegue aceitar o fato de ser um traidor; não lhe resta senão escolher uma morte, autêntica para ele, pois ela resgata sua dupla traição, mas irônica para o mundo da história, porquanto Roma festeja com alegria o sacrifício ritual de um bode expiatório para consolidar a paz reencontrada.

Se a mãe e a esposa de Coriolano desempenham um papel primordial nas determinações deste, em *Antônio e Cleópatra,* os temas políticos são dominados pelos temas eróticos explorados de há muito nas comédias e nos poemas.

Capítulo III

Amor e Sociedade

O "culto da personalidade" à volta de Elizabeth era também uma afirmação da mulher, promovida ao pináculo da ética áulica codificada na Itália em *O Cortesão,* de Castiglione. Para assumir todas as qualidades do ser humano ela devia unir à elegância refinada do traje, das maneiras e da palavra, uma cultura humanista, musical e artística. Mas esse refinamento ideal mal mascarava uma prática das relações amorosas que oscilava entre uma reabilitação puritana do casamento face ao celibato eclesiástico e a persistência de uma tradição cortesã que não concebia o amor fora do casamento.

1. O Erótico dos Poemas

Uma poesia cortês petrarquizante procurava identificar a sua ética aristocrática ao culto neoplatônico da beleza tinta de cristianismo através dos sincretistas florentinos: Elizabeth revestida pelos poetas com a máscara das antigas deusas virgens, Diana ou suas hipóstases, Cíntia a governar o oceano ou Astréia a prometer uma nova idade de ouro, emprestava também os atributos da Virgem Maria, Rosa eleita, coroada de estrelas. Um puritano como Spenser podia, ao mesmo tempo, glorificar o casamento no seu *Epitalâmio* petrarquizante e orientar a tradição cortesã para o erotismo paganizante de *A Rainha das Fadas,* onde evoca as magas despidas ao lado de seu amante sobre um leito de rosas ou "as cem jovens nuas, brancas como o lírio", dançando ao redor das três Graças: a pastoral permitia facilmente velar com uma falsa ingenuidade a glorificação maneirista do corpo feminino em uma Arcádia luminosa onde tudo seria música, harmonia e amor.

Como o teatro era ainda tido como um gênero menor pelos jovens fidalgos, que censuravam os atores como mercenários de um público mesclado, e pelos pedantes, que desdenham os balbucios de um gênero em gestação, Shakespeare aproveitara-se do fechamento dos teatros durante a peste de 1592 para dedicar a um jovem cortesão dois poemas onde o apelo do desejo é revestido de espírito e de beleza.

Ao modo ovidiano, Vênus, amor amante sem ser amada, acua Adônis como o falcão caindo sobre a sua presa e a encurrala até a morte em um quadro agreste onde os garanhões e jumentos são os emblemas de uma sexualidade cósmica (*Vênus e Adônis*). Ao modo senequiano, a obstinação heróica de Lucrécia não sucumbe senão ao frenesi de Tarquínio, em um mundo noturno e fechado onde o avermelhado das tochas oblitera a brancura de um corpo desarmado em sua seminudez (*A Violação de Lucrécia*).

No entanto o aumento do fastio de Tarquínio por si mesmo revelava a angústia de Shakespeare diante das implicações fatais da submissão às pulsões eróticas. Uma outra abordagem do amor aparece em *A Fênix e a Rola.*

Nesse mito da união na morte de dois pássaros com significados ambivalentes, a fênix, símbolo feminino, mas também símbolo medieval de Cristo, e a rola, ave de Vênus mas cuja brancura física é signo de uma alma pura, não se deve ver apenas uma transposição do amor carnal ou compreender o poema como um hino ao amor místico, e até mesmo como uma iniciação ocultista rosa-cruz onde a conquista da mulher não seria senão o aspecto esotérico da reconquista de uma condição divina?

Quaisquer que sejam as personagens dos sonetos (cf. dossiê), essas duas faces do amor, luxúria (*lust*) e união espiritual (*love*), aí se encontram entrelaçadas. Abandonando as convenções pastorais e as imagens tradicionais, faces de lírio, lábios de coral, dentes de pérola e cabelos de ouro, pescoço de cisne e seios de cristal, de uma dama de coração de gelo diante do fogo de seu amante, Shakespeare introduz no mundo da corte "as ironias complexas do dramaturgo profissional" (P. Crutwell): longe do estereótipo internacional de beleza botticelliana do século, a Dama morena tem os seios baixos que cativam os sentidos do poeta, embora despreze a si mesmo por ser escravo de uma libertina. Mas sente-se não menos fascinado pela beleza andrógina de um jovem loiro, semelhante a um efebo de Verrocchio, que no entanto seduziu sua amante e patrocinou um poeta rival. Nesse mundo elisabetano onde o Renascimento penetra com atraso, o poeta não sabe e não pode escolher entre um amor de apetites terrestres e o amor que ele quer idealizar para ser arrebatado a uma comunhão de almas neoplatônicas. Amor e desejo se mesclam nos sonetos "em triângulo": o poeta teme para o jovem uma corrupção espiritual que o impedirá de amar; teme por ele próprio que o desejo não desfigure sua capacidade de amor. Sem ilusão diante de uma sociedade que despreza seu trabalho, vê a inconstância ameaçar a amizade assim como o amor, o furor erótico quebrar o ímpeto rumo à pureza, o tempo arrastar inexoravelmente a beleza rumo ao declínio, à decadência e à morte.

II. As Comédias da Festa

Os Herdeiros da Comédia Latina

A defasagem da Renascença inglesa em relação ao Continente facilitou a fusão das tradições locais com as teorias clássicas e os modelos italianos. Nas comédias mitológicas e clássicas dos anos 80 (1580), Lyly retomara a estrutura da comédia latina proveniente de

Menandro: através dos obstáculos opostos ao desejo de um jovem por uma certa ordem social, baixo nascimento ou pobreza da amada, oposição dos pais ou dos rivais, a ação progride para a união dos heróis e o nascimento de uma nova sociedade em um clima de festa a excluir apenas os escravos de suas paixões, de seus humores ou do seu egoísmo. Mas Lyly soubera embelezar suas obras com uma linguagem poética cortês e melancólica contrastando com a crueldade do século. Greene, Lodge, Nashe e Peele, reatando mais com a seiva popular, haviam enxertado a intriga à italiana no espetáculo dos pajens segundo temas folclóricos, pastorais ou picarescos.

O Conhecimento do Amor

Além da tradição latina, Shakespeare reencontra a de Aristófanes (tê-la-á conhecido?) e dos velhos rituais onde um período de espera significa a existência da esterilidade e do mal antes da explosão de um período de licença próprio ao desencadeamento da confusão sexual, prelúdio à festa criadora de uma ordem melhor pela revelação final da identidade profunda das personagens e pela multiplicação dos casamentos, convenção que exprime a cristalização de uma sociedade depurada de suas leis irracionais.

Emprestando todo um repertório de amantes jovens e belos dos romances medievais, dos poemas de Ariosto e de Tasso, dos contos de Boccaccio ou de Bandello, Shakespeare os conduz através de um universo imaginário, poetizado pela magia de um exotismo onírico, até o remate de seu balé verbal pela vitória dos desejos do coração, substituindo assim ao desejo sexual das comédias antigas uma concepção exaltante do amor, derivada do mito de Tristão, tonificando a totalidade do ser para levar cada virtude a sua perfeição. Mas suas heroínas representam um papel ativo nessa busca amorosa, recusando as convenções cortesãs que confinam a mulher no papel passivo de uma imagem ideal de beleza; e no coração mesmo da sublimação a mais etérea, algum traço licencioso ou cético vem lembrar que os amantes são também de carne e os sentimentos desencarnados, dificilmente eternos.

A Comédia dos Erros não é, senão em aparência, um decalque dos *Menecmas* em um quadro do século XVI, onde Éfeso tem as docas, o mercado e as tavernas de Londres, onde os comerciantes naufragados são ameaçados de morte em uma cidade inimiga.

Shakespeare desdobrou o criado, único em Plauto, para ampliar a confusão, jogando com todas as combinações possíveis entre os dois pares de gêmeos, e conduzir a farsa para a angústia primitiva de dois seres idênticos. Ele criou uma personagem do amoroso romanesco e substituiu ao triunfo do novo par sobre os velhos, sua integração na linhagem ancestral pela reconstituição da família de Egeu, cuja mulher, reaparecendo como sacerdotisa de Diana, assegura assim o clima de festa e a renúncia do duque de Éfeso à aplicação de uma lei injusta.

A Megera Domada se apresenta como comédia dos caprichos, no quadro de uma sociedade quase elisabetana, onde os pais casam suas filhas sem mesmo consultá-las, com pressa de assegurar o mais rápido sua descendência (21% dos pares eram casados antes dos 17 anos).

O adestramento de Kate parece antes não ser mais do que a ilustração da doutrina da ordem hierárquica ao nível conjugal acabando por uma busca à rica herdeira. Mas a *Megera* tem por tema central a revelação da identidade profunda, tanto pelo exorcismo do comportamento excessivo de Kate pelo espetáculo de sua paródia hipertrofiada como pela manifestação dos caprichos egoístas de Bianca, "gatinho de luxo" impossível de adestrar.

O Mundo Verde da Floresta

Para os elisabetanos, a natureza é um ciclo de morte e de renascimento: se a passagem da primavera para o inverno está no coração da estrutura das tragédias, as comédias baseiam-se na ressurgência de uma vitalidade primaveril a partir da esterilidade hibernal. A floresta é assim um lugar privilegiado, onde, por um ato criador, os homens se despojam dos constrangimentos do velho mundo para se preparar para a sua reintegração em uma nova vida, para o mundo d'A Idade de Ouro e do Paraíso Reencontrado.

No clima de exaltação dos valores corteses, que encarnado pelo episódico Eglamour, cavaleiro viúvo votado a servir os amantes em apuros, *Os Dois Nobres de Verona*, exibem todo o arsenal de peripécias romanescas com duelos, raptos e fugas, porém, o amor se choca com a amizade masculina e com a inconstância: Valentin, todavia, símbolo do amante ideal, não hesita em oferecer Sílvia que ele ama ao inconstante Proteu, embora este tenha tentado violá-la. Mas é porque ele se refugiou na floresta de Verona onde os leões esfomeados rondam à volta das ermidas vagando pelas obscuridades vegetais: apesar da companhia de um bando de salteadores banidos por homicídio ou "outros ligeiros crimes análogos", ele encontrou no seu afastamento da Corte o caminho da perfeição que lhe permite reconciliar Proteu consigo mesmo graças à contemplaão de Sílvia, "beleza seráfica" geradora do Bem. Dessa peripécia neoplatônica, Proteu sairá curado para se unir a Júlia, lúcida diante da inconstância do amor, mas ainda perdida no labirinto de suas paixões.

A Herança do Folclore e da Festa

Essa dramatização do "mundo verde" deriva das festas folclóricas inseridas no calendário cristão, com seus cortejos mascarados, segundo a essência mesma da comédia. Obrigada pela tirania de um duque a mudar de personalidade, Rosalinda se disfarça de homem em uma liberdade de carnaval, como Júlia na sua perseguição a Proteu. O duelo verbal entre Beatriz e Benedick, apropriado a seus caracteres, sugere também o costume pascal de insultos entre os sexos. Nas festas de Maio, toda a aldeia acompanhava a procissão dos portadores de ramos de rosas silvestres, vestidos de um verde brilhante como brotos novos, à volta dos bois coroados de flores puxando a carroça da árvore do Maio: para escândalo dos puritanos, que só enxergavam a idolatria satânica, as *morris dance* uniam à volta do Maio plantado Robin Hood, Lady Marian, Frei Tuck, o Mouro, o Louco e o Cavalo de Batalha, derivando amiúde para amores campestres nos bosques, de onde não voltava virgem senão uma jovem em três, segundo o puritano Stubbes; em Londres a multidão vaiava o *Lord Mayor* que a tinha conduzido aos campos. Algumas poções mágicas eram tidas como capazes de fazer aparecer em sonho às jovens seus futuros maridos, na Noite de São João. A *Noite de Reis* (a décima segunda das festas de Natal), o Rei da Fava era o Lorde do Misrule, dirigindo o coro dos beberrões. Nesses períodos de saturnais, uma liberdade sem peias a glorificar ao mesmo tempo o amor e a boa cerveja rejeitava tanto o idealismo empolado quanto a hostilidade perversa ao prazer. Mas essa licença temporária, tolerada pelos católicos e anglicanos implicava, por isso mesmo, a existência de uma regra; a alegria e os risos eram reconciliação catártica sem sentimentalismo nem cinismo com as imposições da realidade.

Sob o véu de uma comédia burguesa, *As Alegres Comadres de Windsor* transpõem, por ocasião de uma cerimônia da Jarreteira, os velhos rituais da água e do fogo para um tom de farsa. É pela intervenção burlesca dos espíritos na verde floresta de Windsor que um Falstaff, truculento Lorde do Misrule em *Henrique IV* mas agora bem desvalorizado, disfarçado em Herne, o caçador, vê sua lascívia encarnecida em contraponto com esponsais romanescos.

Os Limites da Festa

Bailes e divertimentos acompanhavam os deslocamentos da Corte no verão, com uma liberdade limitada somente pela proibição de ataques contra o regime ou a religião. Elizabeth vira, nos jardins de Leicester em Kenilworth, de uma fonte preparada para molhar o alto das coxas daqueles que se lhe aproximavam demasiado, mas retirara com seus portadores de tochas, uma paródia de missa anglicana apresentada pelos estudantes de Cambridge.

Todavia, se os amigos de Essex, irmão da Stella de Sydney, gostavam de ver na Corte as estrelas brilharem nos olhos das mulheres, alguns céticos copernicanos, reagrupados ao redor de Raleigh, Marlowe e Chapman preferiam estudar as estrelas do céu, segundo os conselhos de Giordano Bruno, um dos "inventores" da infinidade do cosmo, de passagem por Londres, em 1593.

Trabalhos de Amor Perdidos poderia ser uma sátira desta "Escola da Noite", estritamente masculina como uma academia platônica florentina. Querendo entregar-se ao estudo livresco, excluindo as mulheres de sua tebaida para melhor atingir a sabedoria, o Rei de Navarra e seus três companheiros, menos prudentes que os Telemitas, por orgulho intelectual desafiaram a natureza humana. Por isso a folia lúdica do estudo dá lugar à folia lúdica do amor quando chegam a Princesa da França e seus acompanhantes. Para o maior divertimento de Essex e daqueles que o seguiram na França, a comédia se torna uma sátira de Henrique de Navarra e seus companheiros, transformados em misóginos, diante da chegada à Nerac de Margarida de Valois com seu "esquadrão volante". Os bailes, a parada dos Novos Bravos, a máscara dos moscovitas (símbolo de inverno em um jogo das estações desde a chegada dos marinheiros ingleses a Arkhángelsk na década de 1580), são uma transposição das festas da Corte.

Mas o amor não é mais que um assalto de espírito à moda de Lyly ao interior de um brilhante *pas de huit*. Por ter brincado com o amor, os navarreses defrontam-se com a morte. A morte do Rei da França faz com que o mundo se bifurque bruscamente, para o mundo da realidade. O epitalâmio de encomenda termina sem reconciliação final: os amantes desamparados deverão meditar um ano em um eremitério ou em um hospital sobre a dialética do mérito e da graça e passar dos termos do amor cortês a uma linguagem religiosa na esperança de casamentos incertos. Nos cantos alternados que concluem a comédia, a primavera não celebra sua fertilidade senão pelo hino do cuco, voz do adultério, que deixa a última palavra às "alegres" notas do mocho hibernal.

Os Abismos do Amor

A Atenas mítica de *Sonho de uma Noite de Verão* é um mundo de violência: o inconstante Teseu, abandonando Titânia, conquistou pelas armas Hipólita, "a bela amazona, amante de botas, guerreira amorosa" de Oberon; Teseu não deixa a Hérmia outra escolha senão a morte ou o casamento desejado por seu pai. Por isso essa dramatização dos Jogos de Maio é "a mais erótica de todas as peças de Shakespeare" (J. Kott); nos bosques "instituídos como região de metamorfose" (Barber), a loucura erije como regra do jogo a troca de parceiros sob uma turva claridade lunar cúmplice.

Submetidos pela noite às paixões refreadas pelo dia, sob os olhos de Oberon, Príncipe das fadas e Rei de Maio, os amantes em busca do prazer jogam o mesmo jogo da troca de corpos, desprovido de sua idealização petrarquiana. Instrumento anônimo de uma situação de *dolce vita*, nenhum deles conhece mais que o erotismo liberado pelos malefícios de Puck, inquietante como um arlequim pelos seus instintos ambivalentes. "Umedecida pelo orvalho, dilacerada pelos espinhos", Hérmia acorda ao alvorecer, temendo haver querido por duas vezes mudar de amante. Para existir aos olhos de Demétrio, Helena não aspira senão apanhar como um cachorro. Titânia recusou a Oberon o jovem pajem que ele deseja, e ele a condena a amar um animal, fascinada e com repulsa por seu sonho de animalidade com um asno.

A metamorfose de Bottom descobre as profundezas insondáveis do universo incomunicável dos sonhos. Os espíritos que assombram o bosque de Atenas na Noite de São

João são mais que espíritos dos elementos cuja discórdia perturba o cosmo; semelhantes ao homem, revelam-lhe a face noturna do mundo verde, antes da volta à luz que dissipa os monstros despertos pelo sonho de restabelecer a harmonia cósmica perturbada pelos erros do amor.

Todavia, "criador e destruidor de ilusões ao mesmo tempo", Shakespeare faz um recuo irônico diante da tripla cerimônia nupcial, convidando o público a tomar lugar no mais externo dos círculos de condescendência onde Oberon e Titânia contemplam das alturas Teseu e sua corte a observar os artesãos de Atenas representarem o amor de Píramo e Tisbe.

O Amor e o Dinheiro

Situando a intriga de *O Mercador de Veneza* em uma cidade mercantil, Shakespeare opõe o mundo do dinheiro ao mundo do amor.

Banidos da Inglaterra em 1290, os judeus eram aí entretanto tolerados se não praticassem seu culto em público, mas acabavam vítimas de clichês medievais que os mostravam sempre prestes a tramar contra os cristãos como em *O Judeu de Malta,* de Marlowe. O processo de Lopez, acusado por Essex de haver querido envenenar a Rainha, tinha ainda aumentado um anti-semitismo latente.

Encerrado em sua família e sua ocupação, Shylock vive em uma comunidade cristã que não reconhece os judeus como irmãos: oferece, apesar de sua lei, a mesa de sua casa a um cristão; este rapta sua filha. Se ele se submete à lei de Veneza, suas contradições levadas ao absurdo se voltam contra ele: vê ruir seu legalismo talmúdico e deve, para salvar a vida, despojar-se de suas riquezas e abjurar sua fé. Mas o anti-semitismo de Shakespeare não é um verdadeiro racismo: a origem judaica de Jessica não entrava sua entrada a Belmont, uma vez que ela se converteu.

Mais ainda que um judeu exótico, Shylock é antes de tudo o usurário medieval a aproveitar das paixões da juventude dourada, como outras das intempéries que arruínam os camponeses. Apesar da necessidade do empréstimo de capitais na nova economia, os moralistas cristãos se opunham a renunciar às condenações tomistas à usura, rejeitada outrora também por Maimônides porque ela ameaçava a fé dos judeus em contato com os gentios. Sob pressão das coerções econômicas e por temor ao anabatismo revolucionário, Calvino acabara justificando o empréstimo à produção, embora ainda condenasse o empréstimo ao consumo. Em uma sociedade onde o Estado tenta limitar a taxa sobre o dinheiro a 10% e onde Gresham formula as leis da moeda, Shylock aparecia como o agiota de estilo antigo, alvo escolhido pelos mercadores, que desejam reduzir a taxa de juros, e até, como Antônio, expulsar os usurários do Rialto.

Se Shylock permanece pelas ruas de Veneza como um velho "pedido à escuta de um conto selvagem de culpabilidade, de solidão, de injustiça e de misteriosa vingança" (N. Frye), uma sutil dialética do ouro opõe à cidade do lucro, à mercê dos ventos, o castelo de Belmont, banhado de luz interior como um templo pitagórico, onde Pórcia inicia, pela música das esferas, os jovens amantes que falavam de amor em termos de comércio, no êxtase órfico de uma eurritmia universal. A riqueza do amor aumenta pela doação: no conto de Fiorentino de onde partiu Shakespeare, a Dama de Belmont se oferece a seus ricos visitantes após havê-los drogado para que eles lhe deixem suas fortunas, na impossibilidade que tem de satisfazê-la; a escolha entre três cofrezinhos substituída por esta peripécia, dá ao ordálio de Bassânio um caráter iniciático: em Belmont, o ouro não tem valor senão sob a forma de anéis simbólicos da vigilância do amor diante das armadilhas da inconstância.

Substituto do mundo verde, Belmont permanece no entanto submisso à ética de Veneza: Pórcia repele os estrangeiros para escolher um homem do seu meio. Belmont não é senão uma utopia incapaz de resolver os problemas de Veneza: os pares de amantes evocados por Jessica e Lorenzo sob a noite estrelada são casais de amantes infelizes. Antônio, absorvido pelos negócios, permanece afastado dessa música carnal onde se isolam os jovens frívolos em busca de prazer.

O Louco e o Misantropo

Shylock não é senão um dos misantropos que com os loucos asseguram uma função córica de contestação da nova sociedade nascida da festa.

Nesse tipo de comédia, o louco ou o *clown*, sensual e alcoviteiro, encontra freqüentemente uma personagem vivendo à margem da sociedade, maldosa como o John de *Muito Barulho em Torno de Nada,* ridículo como Mavólio, desabusado como Jacques. Espectadoresatores (os loucos de *Trabalhos de Amor Perdidos* e de *Sonho de uma Noite de Verão* representam mesmo uma peça dentro da peça), loucos e misantropos são os intérpretes de um mundo oculto, consciente em Jacques ou "estourando as baforadas a superfície da consciência" (N. Frye). Os loucos podem assim servir-se de seu isolamento como de um biombo para influir no desenvolvimento da ação sem que sua contestação entrave a participação do espectador no espírito de festa que conduz a comédia; mas, por serem consagrados ao ridículo, por sua função eles têm o privilégio de falar sem constrangimento, clarividentes entre os cegos.

Pierre de Touche e Jacques recusam assim o mito arcadiano de *Como Quiserdes,* mas se Pierre, desabusado, escapa ao romanesco pastoral para reduzir seu desejo ao nível do acasalamento, Jacques, obsedado pela vaidade de todas as coisas, recusa-se a voltar à Corte para desempenhar um dos sete papéis definidos pela idade do homem, preferindo procurar sua liberdade na solidão de uma caverna.

As Ambigüidades do Amor

O tema da heroína disfarçada de rapaz aparece em cinco comédias de Shakespeare, três vezes mesmo em *Mercador de Veneza,* esfumaçando todas as fronteiras entre ilusão e realidade, pois os rapazes representam os papéis femininos. Quando esse jogo ambíguo das aparências torna-se o tema central, ultrapassa o simples convite orgíaco para Cítera, em uma sociedade onde o espírito das saturnais era contido pela persistência do espírito cortês e pela desconfiança puritana diante dos impulsos da natureza, para realizar o velho sonho alquímico dos gnósticos, das seitas hebraicas e dos apócrifos cristãos, cujos herdeiros hermetistas, Jacob Boehme ou Paracelso, viam no mito do hermafrodita o símbolo da unificação total pela conciliação de todos os contrários.

A floresta de Ardenas serve de moldura pastoral a esse mito do andrógino em *Como Quiserdes:* a amizade amorosa de Rosalinda por sua prima Célia é rapidamente deslocada por seu amor por Orlando, mas seu disfarce em Ganimedes permite a Rosalinda jogar com o reflexo feminino de sua aparência masculina para que Orlando se declare através desse duplo espelho de uma erótica neoplatônica. A meio caminho entre o idealismo desencarnado de Orlando e o pragmatismo sensual de Pierre de Touche, Rosalinda, "calma violenta, pudica apaixonada... personifica (assim) as mesmas nostalgias de um paraíso perdido" (J. Kott). Mas Shakespeare não se deixa lograr pela utopia pastoral, tão sedutora e tão recusável quanto uma corte refinada: a beleza das folhagens não impede que o velho Adam sofra de fome, nem que os pastores sejam explorados por seus patrões. O mundo verde da floresta não tem sentido senão como prelúdio à volta a uma vida normal, "com todo o entusiasmo de um espírito novo". A sociedade inocente dos desejos primaveris requer a consagração social de um casamento quádruplo para consumar o ritual celebrando a vitória do amor.

Viola volta a representar a mesma loucura andrógina em *Noite de Reis,* onde Sir Toby orquestra as patuscadas e as bebedeiras de um coro de loucos debochados, sem ser submetido ao sacrifício de bode expiatório como um Rei do Carnaval. Mas longe do mundo verde, ele não está em verdade curado da loucura. Orsino aceita por mulher aquela que ele tomava por pajem, Olívia não hesita em transferir seus sentimentos por Viola-Cesário para um irmão que surge no momento preciso para amar uma desconhecida. A covardia jactanciosa, a austeridade hipócrita e a delação melancólica não são desmistificadas salvo por um bufão que quase não sabe cantar nada além da melancolia da vida e o medo da morte, "porque ele pranteia a chuva todos os dias". O mundo da comédia vira mesmo o mundo do pesadelo para Malvólio, puritano por horror à festa, conduzido por sua fatuidade a endossar o costume dos Loucos da Festa de Verão, sem poder, da peça sombria em que está encavernado simbolicamente, desculpar-se da loucura que lhe atribui um *clown* disfarçado de padre.

As comédias de festa, dramatizações de velhos rituais cósmicos e de mitos da natureza vêem assim sua força mágica ser questionada pela voz desencantada de uma minoria incapaz de abstrair-se do caráter trágico da vida.

III. As Comédias Amargas

Essa amargura há muito velada explode nas comédias que precedem as grandes tragédias.

O Tema do Perdão

Se bem que a Reforma tenha introduzido na Inglaterra a doutrina luterana da "justificação pela fé vinculada à palavra de Deus", adotada sem reticências pelos puritanos, muitos dos elisabetanos permaneciam mais ou menos conscientemente habituados à doutrina tomista da remissão dos pecados, que necessita a contrição do pecador como preâmbulo ao perdão divino. Certos humanistas haviam-na enxertado numa visão empedocliana da natureza, teatro de um combate sem trégua entre o amor que une os elementos e o ódio que os separa.

Quando da secularização do drama religioso medieval, as heroínas romanescas puderam substituir o Cristo e seu intercessor, a Virgem, para perdoar os erros dos homens. Freqüentemente, antes de tudo tentadoras nas comédias da festa (Sílvia está na origem das perfídias de Proteu como Pórcia, do perjúrio de Bassânio), eram também os agentes ativos de uma redenção providencial, desafiando ainda as convenções morais tradicionais, quando a confusão do disfarce foi substituída pelo velho tema folclórico de uma troca de mulheres à noite entre os braços de um amante pérfido, para levá-lo a uma tomada de consciência geradora de um arrependimento a permitir o perdão.

As Falsas Aparências

Em uma sociedade onde o amor está reduzido a um contrato comercial, os amantes não têm outra escapatória exceto uma visão romanesca desencarnada: Hero repele qualquer alusão ao peso suportado pelo amplexo; por menos que ame Hero, Cláudio se compraz demasiado em amar para não cair na armadilha das calúnias e ver que a sombra abraçada no quarto de Hero é a de cúmplice de um rival. Vindo ao altar do casamento como a um mercado de virgens, está pronto a aceitar uma nova mercadoria que não seria corrompida. Se a manifestação da verdade permite a Hero perdoar, Cláudio não chega a ela senão depois de estar seguro de seu valor mercantil. Por não poder ver no amor uma relação entre dois seres e não a posse na luxúria de um ser coisificado, Beatriz teme primeiramente ser vítima da inconstância e Benedick de ser reduzido ao estado de ostra que é engolida, mas essa lucidez cética dá à segunda dupla de *Muito Barulho em Torno de Nada* a faculdade de imaginar o real: sua "conversão" não é a negação de sua visão do mundo, mas, para melhor garantir a permanência do amor, a recusa de um sonho mistificador.

Os Preconceitos Sociais

A Inglaterra elisabetana vivia um período de mobilidade social: em menos de 60 anos, 109 enobrecidos haviam se juntado no armorial de Wiltshire aos 203 nobres de 1565. Pode um jovem conde esposar a filha de um grande médico, mesmo se ela é enobrecida por um rei? Pode um Rei obrigar um de seus cortesãos a esposar aquela que ele não ama?

Tudo É Bom Se Acaba Bem integra assim um problema de ética social em uma peça cujo herói encarna a tendência inata ao mal denunciado pelos homilistas: "Por nós mesmos, não somos capazes de pensar bem nem de agir bem". Lavache, louco amargo em sua clarividência, vê a humanidade rejeitar como Bertrand de Roussillon a porta estreita da virtude. Helena torna-se assim muito mais do que uma apaixonada ambiciosa disposta a tudo para conquistar Bertrand: bela imagem do amor carnal como Helena de Tróia, ela é também a salvadora carismática de um Rei moribundo como o Rei pecador das lendas arturianas. Simbolicamente vestida de romeira, desempenha o papel intercessor da Virgem dos Milagres no mundo do folclore. Substituindo Diana à noite, ela poupa a seu marido o adultério, para poder revelar-lhe a polivalência da luxúria. Mas se triunfa pelo ardil dos preconceitos sociais, somente Parolles, novo avatar do Vício e gênio mau de Bertrand, encontra na revelação de sua vergonha o caminho de uma conversão a uma vida nova. Bertrand submete-se apenas ao inelutável quando descobre que Helena carrega uma criança que ele engendrou: Shakespeare sabe que existem homens que recusam sua visão de arrependimento redentor.

Os Abusos do Poder

Os puritanos julgavam insuficiente a legislação elisabetana que limita em matéria sexual a pena de morte à violentação, à sodomia e às relações com meninas de menos de dez anos. Reclamavam, em nome do Deuteronômio, sua extensão ao incesto, ao adultério e à prostituição, embora a opinião fosse no conjunto considerar que, apesar do risco corrido pela sociedade, a morte por um estupro era um abuso de justiça se a mulher aceitasse em seguida o casamento.

Para não ter que carregar o peso de uma lei impiedosa e para não expor um puritano às tentações da embriaguez do poder, o Duque de Viena escolheu o íntegro Ângelo (nome irônico) para ser em sua ausência a lei viva. Por isso Cláudio é condenado por ter antecipado seus direitos conjugais, segundo o costume elisabetano dos esponsais de *praesenti* (talvez seguido por Shakespeare) autorizando uma coabitação pré-marital. Para seu amigo Lúcio, vivendo à margem de uma sociedade que ele recusa, a lei não é senão uma força repressiva grotesca sem relação com a natureza. Para Cláudio e Julieta, a sexualidade é uma questão particular que não poderia ser alienada em uma responsabilidade social: a seus olhos, a sociedade não está preocupada com seu filho nascituro. Todavia, quando a irmã de Cláudio vem advogar sua causa, Ângelo recusa-se a levar em conta as condições existenciais da vida: Isabela deveria unir-se a ele para condenar Cláudio.

Mas, para Shakespeare, o bom exercício da justiça supõe um juiz íntegro. A despeito de sua ruptura com Mariana, à fortuna submersa em um naufrágio. Ângelo permanece aos olhos da lei um modelo de virtude. Sua virtude não é, no entanto, senão o recalque de um temor da carne, que desmorona diante da pureza de uma noviça. Arrastado em uma maré de luxúria ele lhe dá o poder perverso de trocar sua virgindade por uma promessa de graça. A substituição de Mariana por Isabela durante a noite torna-se então símbolo da cegueira de Ângelo assim como da união dos corpos como via de conhecimento.

Quando o perjúrio é desmascarado, o Duque julga primeiro Ângelo segundo sua própria medida; mas por serem todos os homens culpados e por Mariana interceder em nome do amor para arrancar seu amante da morte, o Duque perdoa a todos no reconhecimento recíproco de suas fraquezas, por um livre dom, que não diz respeito ao mérito intrínseco. Todavia, se a repressão puritana não pode ser um meio de governo, o retiro monástico não é uma solução para as dificuldades da vida: por ter colocado sua própria castidade como valor superior à piedade fraternal, Isabela é convidada a renunciar à sua vontade própria esposando o Duque. *Medida por Medida*, recusa do puritanismo radical, recusa também certas formas católicas de celibato: apesar da doçura evangélica final do Duque, em que alguns viram uma imagem de Cristo consolando os condenados e perdoando aos pecadores, a Inquisição espanhola tinha retirado a peça do segundo fólio.

IV. As Tragédias da Paixão

Assassinos e vítimas das tragédias políticas eram homens de idade madura, ligados entre si por uma certa relação fraternal. As tragédias da paixão são, ao contrário, as de uma juventude em revolta contra as coações de uma ordem social contestada. Elas tem por quadro esse mundo mediterrânico onde nasce então o mito de Don Juan, reivindicação de liberdade sexual. Os amantes de Verona têm a mesma vitalidade dinâmica que Troilus, Otelo ou Antônio, "novo Baco" segundo Plutarco, a despeito de sua idade. Mas todos são sacrificados (ainda que Troilus não morra) às contradições de um mundo dilacerado onde ninguém assume a unidade social: o príncipe de Verona é impotente contra a vendeta dos Montecchios e dos Capuletos. Troilus é colhido pela Guerra de Tróia, como Otelo, pelo racismo de Veneza e Antônio pelo choque de dois mundos.

As mulheres amadas têm o caráter fatal da "deusa branca" do folclore cujo amor conduz à morte; guardiãs da antiga prerrogativa matriarcal da escolha do amante pela mulher, desencadeiam a sociedade contra elas mesmas: Julieta, dilacerada como uma sabina entre dois clãs hostis, suscita a cólera de um velho pai pela recusa de um casamento endogâmico, que Desdêmona estende às dimensões de um conflito racial; Cressida, traidora sereia troiana a renovar a infidelidade de Helena, é, desde séculos, o arquétipo da falsidade; Cleópatra, amante tão enganadora quanto provocante, passa aos olhos dos romanos como uma meretriz do Oriente. O tema não está ausente das peças políticas: Ofélia nelas chora as vítimas, misturando nos cantos de sua loucura as flores nostálgicas de um amor perdido como a barba branca de um velho assassinado; Volumnia representa o aspecto maternal da "deusa branca" quando encontra sua maior felicidade expondo seu filho Coriolano à morte.

O Jogo Dialético do Amor e do Ódio

Em Verona, o amor pode ser um culto ou uma loucura, mas o mundo dos Capuletos é o do ódio irracional; o casamento não é aí senão um contrato destinado a perpetuar o clã a fim de permitir o prosseguimento das vinganças; o velho Capuleto permanece tão ignorante do sentido do amor como do sentido da morte. A ama de Julieta, entretanto, encarnação das forças cósmicas da natureza, não concebe a mulher senão como o vaso destinado a receber a semente e carregar o futuro da raça. Romeu ou Páris, pouco lhe importa o doador.

Mas o mundo da noite é iluminado pelas confusões da festa: o tempo de um baile basta para o conhecimento dos "amantes de Verona". As indecências proferidas por Mercúcio e a ama fazem parte da liturgia amorosa, escarnecendo do sentimento que exalta em imagens de fogo, de flores e de luz, o duo de amantes no balcão de Julieta e a noite nupcial encurtada pelo canto da cotovia e do rouxinol. Malgrado as obsessões recalcadas de Julieta, *Romeu e Julieta* não é, no entanto, uma versão anglo-latina de *Liebestod* a consagrar fatalmente os amantes apaixonados à morte de Tristão e Isolda. Os amantes de Verona querem viver juntos e não morrer juntos, mesmo que não tenha ocorrido a Romeu a idéia de levar Julieta em sua fuga a Mântua.

Eles são vítimas de uma sociedade enferma que tem a benevolência por covardia e não sabe deter o desencadeamento das vinganças: Romeu deve matar Teobaldo para vingar Mercúcio. Entretanto o homem superestima sua faculdade de dominar o destino: o irmão Laurêncio não pode utilizar "a orgia de confusão" na gênese de uma sociedade reconciliada; utilizando a catarse de uma morte simulada para tentar pôr um fim ao ódio, ultrapassa o poder do homem e conduz os amantes à morte. Neste mundo perverso e mesquinho, a reconciliação não se faz senão sobre cadáveres, mesmo que um amor suficientemente rico para sobreviver à morte tenha o poder sacrifical terrível e misterioso de enterrar a discórdia civil.

A Guerra e o Amor

Tanto quanto Troilus e Cressida, os combatentes dos dois campos conhecem o absurdo da Guerra de Tróia: Heitor sabe que Helena é uma meretriz, mas devolvê-la aos gregos seria renegar a honra de Tróia, pois ela se tornou um símbolo de beleza e de amor para um público apegado aos valores cavalheirescos como os espanhóis do Século de Ouro. Os gregos, realistas como os elisabetanos, aceitam dar ouvidos a Ulisses para ressoldar sua unidade em volta da ordem hierárquica quando ele faz ver que uma guerra travada deve ser ganha seja qual for o valor de suas motivações. Nesse clima de guerra, "um homem é o que a sociedade faz dele" (T. Eagleton), ninguém pode escapar a uma situação que recusa, pelo cinismo, como Tersites, pela retirada, como Aquiles, ou pelo amor, como Troilus; não pode haver nisso nenhum valor autêntico: Aquiles mata Heitor quando ele está desarmado. A guerra contamina até o amor: produto de consumo ou moeda de câmbio, vendida por seu tio a Troilus, junto ao qual ela reencontra a inocência efêmera de uma ternura pudica. Cressida é entregue aos gregos ao alvorecer de sua noite de amor. Adolescente, que cresceu numa guerra sem fim, como o conflito anglo-espanhol ela não pode mais do que aceitar a entrega a Diomedes do penhor de amor de Troilus para provar a si mesma que se tornará uma meretriz como Helena.

Mais ainda que uma tragédia do ciúme, *Otelo* é a tragédia de um homem rejeitado pela sociedade. Esposando a filha de um senador, Otelo, mercenário sem outra fortuna exceto a de ser filho de Rei, feriu os preconceitos de Veneza. Otelo é, além do mais, mouro; portanto, um guerreiro bárbaro e fanfarrão aos olhos de um público inglês sensibilizado diante do Islã pelo corso barbaresco, desde a volta dos veleiros nórdicos ao Mediterrâneo após 1573, e pela retumbante derrota de D. Sebastião de Portugal no Marrocos em 1578.

Otelo é sobretudo o negro que esposa uma branca. O público inglês tinha vivido muito tempo com a imagem da África legada pelos historiadores antigos e os compiladores medievais, tal como ela aparece nos relatos de Otelo para Desdêmona. Mas as trevas de um continente misterioso começavam a ser atravessadas pelas narrativas dos viajantes e dos negreiros que tinham introduzido em Londres um número suficiente de negros até que Elizabeth ordenasse sua expulsão, três anos após a dos mouros da Espanha por Filipe II. Ao lado do mouro branco, nobre e generoso, um pouco fanfarrão, que quer cortejar Pórcia em Belmont, o teatro havia criado o tipo do mouro negro, cruel e crédulo, lúbrico e ciumento, tal como o é Aaron em *Titus Andronicus,* tal como Iago descreve Otelo ao pai de Desdêmona, um animal lascivo, perito em feitiçaria e em afrodisíacos para enfeitiçar uma branca.

Mas porque Otelo, batizado, tornou-se o baluarte de Veneza em Chipre contra a ameaça turca em 1570, a razão de Estado proibiu ao doge e aos militares venezianos seguir suas reticências profundas e a voz popular e de anular o casamento, ainda que um senador devesse morrer de vergonha. Todavia, por Veneza não reconhecer uma linguagem real africana, a conversão de Otelo não é suficiente para integrá-lo à cultura de Veneza: ele continua sendo o mercenário a quem se paga sem se lhe conceder os direitos de um cidadão. Para poder estimar-se a si mesmo, cumpre-lhe provar a si próprio que uma veneziana pode amá-lo, sem perceber que, aceitando-o sem reticências, Desdêmona não afirma os valores humanos senão ao preço de uma ruptura com a sociedade de sua adolescência. Isolados por sua união, eles se tornam ainda mais vulneráveis: uma traição de Desdêmona seria para Otelo a destruição da personalidade que ele forjou para si mesmo.

Iago odeia Otelo porque ele é mouro; para ele, Desdêmona se transviou desafiando "as afinidades de pátria, de raça, e de sangue"; ele não procura mais que aviltar aqueles que o cercam para melhor representar o papel "de um bárbaro branco tentando reduzir à sua própria imagem um homem civilizado" (G. M. Matthews); é ele que embebeda Cássio com álcool para fazê-lo "perder o espírito", é ele que incita Emília a trair sua senhora entregando-lhe o lenço de Desdêmona.

Porque a primeira noite em Chipre lhe revelou "uma pele mais branca que neve e doce como o alabastro" Otelo entende melhor as calúnias de Iago: porque Desdêmona revelou sua sensualidade nos braços de Otelo, ela deveria procurar outros prazeres junto dos jovens venezianos que repelia e ver seu marido apenas "um velho carneiro negro". Acreditando-se traído no momento mesmo em que Veneza o chama de volta de Chipre, não resta a Otelo senão se conformar à imagem do negro lúbrico e ciumento dado a vinganças furiosas: ele punira Cássio bêbado sem procurar saber se o haviam embebedado; um lenço bastará como prova de traição.

Otelo tomba vítima de sua falsa visão da realidade: por ter querido acreditar que uma sociedade cosmopolita aceitaria o casamento de um negro e uma branca, não lhe resta senão matar-se sobre o corpo de sua vítima "para morrer num beijo". Iago quis cinicamente tirar proveito de uma clara visão da realidade, mas esqueceu-se que alguns, como Emília, preferem a verdade à vida. O amor tem, no entanto, um valor ainda superior aos olhos de Shakespeare: a mentira de Desdêmona, desculpando o marido por seu assassinato faz, em última instância, de *Otelo* uma tragédia do perdão segundo o espírito da doutrina cristã do resgate (G. M. Matthews).

O Amor Entre Dois Mundos

Antônio e Cleópatra alarga a divisão de *Troilus e Cressida* entre o mundo diurno da hsitória e o mundo noturno da paixão, com dimensões de um confronto entre os dois pólos do ecúmeno antigo. Sempre pronto a achar uma justificação moral, Otávio encarna aí o messianismo da ordem romana que procura submeter o mundo a sua disciplina, mesmo que a corrupção nasça do cálculo político; Otávio não passa de uma peça empurrada sobre o tabuleiro de seu irmão; Pompeu censura menos a Menas a proposta de cortar a garganta de seus convidados do que ter pedido a autorização de agir. Subindo cada ano o Nilo em sua "galera inimitável", Clópatra opõe ao "sentido da história" a magia de um ser dionisíaco a assegurar a fertilidade de um Egito, ao mesmo tempo terra bíblica da servidão, dominada por uma rainha luxuriosa como a grande prostituta da Babilônia, e terra de lenda, onde a lama do Nilo engendra os répteis: "velha serpente do Nilo", Cleópatra, vênus lunar do mar, escraviza os machos como Circe pelo gosto da eternidade de seus beijos.

Preso nesse mundo dissolvente de superstição, Antônio não pode encontrar senão o lado noturno de uma natureza cruel, apaixonada e bárbara, sem saber se livrar como o Príncipe Hal de sua noite dionisíaca. Por "ter consumido em beijos os reinos", o terceiro pilar do mundo, "cujos olhares altaneiros faiscavam como os de Marte em sua armadura", deixa pender a Roda da Fortuna para a juventude de Otávio. O grande cerimonial de decadência do vencido de Actium desemboca no entanto em seu holocausto: uma vez que a egípcia o traiu pela fuga, só lhe resta preencher o vazio total em que o deixa a falsa notícia de sua morte, indo buscá-la, como em uma viagem nupcial ao se desferir ele próprio o golpe fatal que Eros demasiado fiel reserva a si mesmo.

Mas por recair sobre a Rainha o sacrifício de Antônio, esta projeta em uma existência mítica a "coroa do universo" que, saltando pelos prazeres como um delfim pelas ondas, clareava a terra pelo sol e pela lua a iluminar-lhe o rosto. Oferecendo o seio à mordida da áspide que ela embala como uma criança, representando ironicamente uma dupla imagem de luxúria e de caridade, Cleópatra não nega apenas o mundo da história ao privar Otávio do mais belo ornamento de seu triunfo; "a estrela do Oriente", submergindo à lama de sua luxúria como a inundação fecunda do Nilo, celebra em núpcias místicas sua entronização no mundo do amor, deixando à terra' os elementos ignóbeis de seu corpo para unir-se a seu esposo na glória de um empíreo de ar e fogo além do bem e do mal, "onde as legiões não estão de modo algum autorizadas a plantar suas águias" (R. Speaight).

Capítulo IV

O Sentido da Vida

Shakespeare viveu a inquietude de uma época em busca de um novel humanismo no seio de uma sociedade em movimento. Dramaturgo elisabetano, ele reflete toda uma polifonia metafísica, do cristianismo em curso de mutação regeneradora para um neoplatonismo tinto de ocultismo, representando este ou aquele tema, segundo necessidades propriamente dramatúrgicas: é tão inútil dissertar sobre a danação eventual de Romeu e Julieta, cujo suicídio é afirmação dionisíaca do poder do amor, a apoteose de Cleópatra é assunção pagã, quanto imaginar um Shakespeare agnóstico positivista, totalmente estranho à tradição religiosa de seu tempo, e até anticristão.

Shakespeare utiliza, como homem de teatro, para um público ideologicamente heterogêneo o máximo denominador comum dos elementos do pensamento elisabetano.

Ao nível de humanidade humilhada escolhida por Edgar para ir ao encontro da angústia de Lear, "o homem sem acessórios não é nada mais que um pobre animal nu e fendido". Mas o homem é também "a preciosa imagem do Redentor" (*Ricardo III*): se a razão humana é demasiado fraca para compreender Deus, se "há mais coisas no céu e na terra do que pode sonhar a filosofia" *(Hamlet)*, a ausência de razão reduz o homem a animal. Para Shakespeare, como para os teólogos, o homem é o ser que fala e raciocina.

O homem possui uma liberdade geradora de uma ética de responsabilidade: como eco a Calvino, Iago aceita suas calúnias como atos voluntários, e Edmundo ridiculariza a idéia de um determinismo astrológico. Por ser todo homem inclinado ao mal (Falstaff não vê senão canalhice em seu coração), ele pode ser tentado por seres diabólicos como as feiticeiras da Escócia; ele pode resistir-lhes quando possui, como Banquo, a crença em Deus; mas, como desmedida dos gregos, seu orgulho pode conduzi-lo à rejeição da ordem divina e de seus reflexos humanos (somente Jessica é justificada por abandonar Shylock porque sua conversão depende disso): o pecado a proliferar suas metástases, "aquele que errou uma vez será obrigado a ir de mal a pior" (Calvino); os crimes em série de Macbeth acabam por atá-lo a um terror paralisante; a rejeição de Lear conduz do mesmo modo suas filhas mais velhas a uma animalidade portadora da morte; o pior orgulho é o de se acreditar justo: a queda de Ângelo é tanto mais brutal.

Deus não é, no entanto, compreendido somente em termos de justiça. O conhecimento de si próprio, necessário ao menos desde Sócrates, conduz Gertrudes a reconhecer um erro obliterado pelos aduladores da Corte; o "conselho" de Hamlet lhe revela sua cegueira espiritual. Mas por não esperar perdão para seu crime e por premeditar um outro em vez de restituir um trono usurpado, Cláudio não pode achar arrependimento na prece.

Mesmo se Henrique VI, único a fazê-lo dentre 31 personagens que morrem em cena, pensa então em rezar a Deus, Ricardo II fala à Rainha de esperança celeste e Horácio evoca o coro dos anjos junto de Hamlet no paraíso. Essa escatologia cristã não é desmentida pelas últimas palavras de Hamlet: "O resto é silêncio" não é um epitáfio de agnóstico, mas uma expressão tirada dos Salmos e de Isaías; interpretada pelos teólogos do século como sinal de incapacidade do homem para prosseguir em sua vocação terrestre após a morte.

Shakespeare limita entretanto às personagens cristãs as palavras explicitamente cristãs, atribuindo aos pré-cristãos uma linguagem compatível com o cristianismo e com as tradições antigas. O homem está só para os estóicos como para o autor de *Jó*. Calvino sabia que a clemência era também um elemento essencial da sabedoria antiga.

I. As Tragédias da Solidão

O herói trágico é por essência solitário, rejeitado como bode expiatório pela sociedade por sua tirania como Ricardo III, sua perfídia como Iago ou sua consciência mais lúcida da natureza humana como Hamlet, e são os primeiros papéis das tragédias jacobitas, seja qual for a motivação desses dramas familiares, crise religiosa pessoal ou pessimismo diante da reação aristocrática. Certamente o tema do homem só não está ausente das tragédias históricas ou de *Otelo,* mas ocupa o primeiro lugar em *Hamlet,* em *Rei Lear* ou em *Timão de Atenas.*

As Hesitações da Nêmesis

Hamlet é antes de tudo a tragédia da reconciliação cósmica, exigida pelo fantasma de um rei. Mas, como em uma busca do Graal, à personagem do filho vingador de um pai assassinado destriplica seus avatares. O assassinato acidental de Polônio desencadeia uma irônica tragédia de sangue que conduz Ofélia à loucura e Laertes, o homem de ação irrefletida como Gawain, à vingança simplista de um pai bufão. É um simples elemento da história de Hamlet, enviscado como Percival no caos da consciência, entre um fantasma a bradar pelo sangue que ele crê fonte de paz para sua alma e as incertezas éticas e metafísicas de um pensamento intelectual vencido pela fascinação daquilo que condena. Mas as diligências de Hamlet, constrangido a concentrar seu espírito melancólico na idéia de uma vingança odiosa à custa de uma alteração de seus hábitos mentais que o leva à beira da loucura, são obliterados pelo triunfo de Fortinbrás, cuja vinda assegura, como a de Galaad, a volta à ordem cósmica destruída pelo primeiro assassinato.

Desde que o velho Hamlet matou o velho Fortinbrás "alguma coisa está podre no reino da Dinamarca", como em

Londres após a conspiração de Essex. Por ter Cláudio matado o irmão com a cumplicidade lúbrica da Rainha Gertrudes, alguém se esconde por trás de cada tapeçaria do castelo de Elsinore; cada cortesão, reduzido ao estado de agente do poder, não pode sobreviver senão pela autocensura ou pela máscara da loucura. Os conselheiros íntegros confirmam o casamento incestuoso (para um espírito elisabetano) de uma viúva de meia-idade, apressada em esquecer seu marido entre os lençóis de um cunhado fratricida: "Um animal, privado dos recursos da razão, teria prolongado seu luto". Roído pelo medo, todo homem está à mercê dos outros; o casamento, o amor e a amizade deixam lugar à parvoíce, à delação e à conspiração; o conselheiro estúpido manda espionar o filho e serve de agente ao Rei para vigiar a Rainha. "Em um mundo onde reina o crime, não há lugar para o amor" (J. Kott). Por ter servido de isca para atrair Hamlet à ratoeira, por ter se tornado cúmplice de um poder usurpado e criminoso, pelo fato de suas ternuras parecerem as primícias da luxúria da Rainha, Ofélia é imolada à náusea do sexo que persegue Hamlet desde a revelação do crime maternal: ela nada pode fazer exceto escolher o convento para escapar à devassidão.

O mundo da corrupção abre as portas da morte em uma sociedade falseada onde a amizade de Horácio, humanista como Hamlet, não pode equilibrar a servilidade dos cortesãos vulgares. O assassinato do pai é representado de novo como psicodrama pelos atores contratados por Hamlet; destruída pela tensão entre o papel de ovelha que lhe fazem desempenhar e o súdito amante que ela queria continuar sendo, alquebrada pela perda de seu amor e de seu pai, Ofélia é obcecada pela morte nos refrões de sua loucura antes de afogar-se sob os salgueiros; a morte fere os conselheiros vítimas de seu zelo policial como os amigos traidores degradados como alcagüetas (H. Fluchère); a morte está em toda parte, fim natural da vida para os coveiros sem paixão, interrogação para Hamlet diante do crânio do "pobre Yorick", bufão de sua infância. O assassinato acarreta o assassinato: Cláudio tem de matar o sobrinho para assegurar o trono, Hamlet tem de matar o tio para vingar o pai.

Mas esse poder do mal não possui para Hamlet a força do arrebatamento frenético do demônio Branco ou da Duquesa de Amalfi confrontados na mesma época por Webster com a corrupção e a morte. Paralisado pela concentração de seu espírito, sob a degenerescência alienante de uma sociedade caótica rumo à morte, intelectual que perdeu seu caminho, ele nada mais pode afirmar sobre a vida e sobre a morte. "É com Montaigne na mão que Hamlet persegue o espectro medieval nos terraços do castelo de Elsinore" (J. Kott). Moralista consciente em um mundo inconsciente, sentindo com desgosto brotar em seu ser os impulsos que ele condena nos outros, atraído para a ação apesar do receio de não poder escrever seus motivos nem controlar suas conseqüências, ele não sabe mais se a náusea é uma motivação suficiente para agir; a recusa do assassinato de Cláudio enquanto está rezando, a fim de expedi-lo mais seguramente ao inferno surpreende-o em estado de pecado, não passa de um saciamento mais seguro de uma vingança, mas é também a hesitação de um intelectual que teme destruir por um assassinato a autenticidade de sua rejeição do mal. Hamlet reage primeiro como humanista, utilizando o diálogo maiêutico para levar a mãe a confessar seu crime, mas, no mundo ainda feudal da Dinamarca, isso não conduz a uma regeneração suficiente para promover uma nova ordem.

A descoberta da perfídia pela qual Cláudio o enviava à morte na Inglaterra e o desespero nascido da morte de Ofélia, pela qual ele se sente responsável, cortam os últimos liames que impedem Hamlet de agir como "Príncipe": é necessário purificar a ordem social pela morte do usurpador, é necessário que rompa a verdade para que os perdões recíprocos dos moribundos deixem o campo livre à vinda de Fortinbrás, que sua "virgindade política torne digna suas núpcias com a sociedade" (R. Speaight).

A Privação do Homem

Rei Lear começa como drama histórico. Para assegurar a transmissão do poder respeitando as velhas concepções, o velho rei decidiu dividir o reino entre suas filhas, atribuindo às suas duas filhas mais velhas apanágios inferiores aos da parte reservada a Cordélia, porque esta tem uma preeminência reforçada por um casamento com o Duque de Borgonha, pretendente preferível ao rei de França para não subordinar a Inglaterra ao estrangeiro (como fora o risco corrido quando Maria Tudor esposara Filipe II). Mas Goneril e Regane rejeitam a idéia de uma ordem natural hierárquica; a ordem natural é para elas a ordem dos tempos modernos, a desconfiança entre os Estados, a busca de prestígio, a busca da fortuna, a ordem onde o amor coisificado se degrada em troca de bens materiais, pesado de rivalidades eróticas em torno de uma presa comum. Lear sobretudo não havia previsto a recusa de Cordélia, incapaz de entrar no jogo das declarações-surpresa de amor filial com fins políticos, quando ela se sente atraída por um príncipe nobre e generoso que lhe oferece, além do mais, a coroa da França. Por ter querido impor à filha preferida um casamento de sua escolha, Lear fica à mercê de suas duas filhas perversas.

Tendo tomado consciência dos limites de seu poder, impotente para submeter a sombra falaciosa da lisonja à verdadeira substância do amor, Lear enceta sua queda "enlouquecida" no coração profundo de um universo hostil onde reinam o perjúrio, o assassinato e a tortura, e onde os carrascos se dilaceram entre si, em que as duas irmãs se afundam na animalidade de uma luxúria sádica ou em que o bastardo Edmundo procura dentro de um ateísmo cínico e cruel o caminho da ambição sem escrúpulos aberto por Iago. A fissão da família real enceta um cataclismo análogo à guerra final do Apocalipse. A confusão abissal da tempestade sobre a lenda deserta, imagem da destruição do corpo político e da célula familial como na Homilia de 1574, acarreta no rei dessacralizado a privação do homem, despojado até a perda de sua razão. Nessa "noite obscura" onde a única sociedade fraternal é a dos "quatro loucos, um pelo ofício, outro pela vontade, os dois últimos pelos tormentos" (Camus), caídos como Jó na nudez da condição humana, Lear pode tomar consciência da existência dos "pobres indigentes inteiramente nus... em andrajos esburacados, alimentados de ratos mortos e de cães mortos" que ele ignorava nos seus castelos e pode ver a miséria deles como uma faceta da sua. Nesse mundo onde os loucos guiam os cegos como sob uma tela de Brueghel, ele pode reencontrar a imagem de suas próprias faltas e descobrir sua cegueira diante dos homens antes de penetrar no mundo do amor onde Cordélia o espera, para reconhecer ao lado de si a fragilidade da natureza humana.

No entanto, apesar da aparição do velho rei vestido de novo ao som da música, o *Rei Lear* não acaba em variações sobre o mito de Proserpina. Certamente, as personagens de impulsos bestiais são destruídas, o "maquiavel" se converte ao amor; junto de Cordélia, Lear "viu o sol brilhar através da chuva", mas "a imagem do arco-íris, penhor da harmonia futura" (A. Kettle), é rompida pelo incidente; a tragédia termina em sacrifício humano: Edmundo intervém demasiado tarde para prevenir o assassinato de Cordélia; apesar da breve ilusão de que sua filha ainda vive, Lear morre na eutanásia libertadora de uma insuperável aflição. Só o drama histórico se desenreda com restauração da ordem hierárquica, pois os erros políticos de Lear e de Cordélia são ultrapassados e porque o íntegro Albany apela para o reagrupamento em torno de um "poder ferido".

A Recusa da Humanidade

Qualquer vislumbre de esperança desaparece de *Timão de Atenas,* vítima de uma monomania incontrolada passando de uma ilusória idealização da humanidade à misantropia odiosa, estendida a toda ordem da natureza. Nessa tragédia sem mulher mediadora, Timão procura primeiro criar por sua prodigalidade uma sociedade de festas, mesclando no quadro de um banquete antigo todos os comensais, artistas e artesãos, de um Príncipe da Renascença; mas porque o ouro é a única isca que os atrai, seus companheiros não fazem senão devorar sua substância para abandoná-lo quando perde a fortuna. O banquete não é senão uma utopia, mas a solidão no seio de uma caverna, transposição trágica do retiro pastoral, é outra, visto que ela é concebida como vingança contra a sociedade: o suicídio de Timão é mais que uma recusa de explorar a natureza humana como a renúncia de Alcibíades ao castigo de Atenas; é sobretudo a recusa de viver, invulnerável por suas virtudes, no seio de uma sociedade corrompida pelo ouro destruitor, como aceita Apemantus, o cínico.

II. As Tragédias Romanescas

Ninguém pensa mais em interpretar a última fase da obra de Shakespeare como a de um autor fatigado, desejoso somente de multiplicar as máscaras para seguir uma nova moda ou as cenas folclóricas pretensamente melhor adaptadas a uma sala fechada. A evolução de Shakespeare termina por uma totalização convergente de temáticas anteriores. *A Tempestade* volta a apresentar, repete e parodia a deposição de príncipes das histórias; a heroína travestida reencontra os gêmeos da comédia no mundo verde de *Cimbelino*; Leontes torna-se ciumento sem mais provas que Otelo.

A Volta ao Romanesco

Shakespeare abebera-se ainda no tesouro dos velhos contos ou da história legendária.

Péricles é como um velho conto narrado por um velho. Para conquistar a filha de Antíoco, Péricles deve resolver um enigma sob ameaça de morte, mas assegurar sua vida pela fuga descobrindo o incesto de seus hospedeiros. Após um naufrágio, vence em um torneio o amor de Taísa, para perdê-la, logo, no mar, deixando-a num caixão à mercê das ondas. A filha deles, Marina, não escapa aos assassinos colocados por seus pais de criação, senão para ser vendida por piratas a proxenetas, mas permanece pura e foge para reencontrar o pai e segui-lo a Éfeso onde reaparece Taísa dantes reanimada sobre o rio e transformada em sacerdotisa de Diana.

Cimbelino recapitula os temas das comédias de perdão no quadro de um conflito entre romanos e bretões (os dois povos provenientes de Tróia para um público elisabetano) na alvorada da era cristã, mas com personagens de folclore.

Uma madrasta cruel quer assegurar o trono a seu filho estúpido; um rei bane o genro por seu casamento secreto, o exilado deixa-se convencer da infidelidade de sua mulher e procura matá-la; a heroína travestida reencontra seus irmãos raptados ainda no berço através de um outro banido que vive com eles há vinte anos em uma gruta; ela toma o corpo do estúpido que a persegue pelo de seu marido, os banidos asseguram a derrota dos romanos, mas Cimbelino, vitorioso, aceita ser vassalo. Todos dão prova de cegueira, mesmo Imogênia, adormecida quando Iaquimo espia seu pescoço nu, inconsciente quando seus irmãos levam seu corpo para junto de Cloten decapitado, vestido como seu marido. Somente o oráculo de Júpiter permite a reconciliação na verdade.

Os romances têm, no entanto, a estrutura ternária significativa das comédias, levando ao paroxismo a fase de confusão social e sexual: a jovem pura está no bordel, os príncipes levam uma vida de caçadores entre as terras selvagens. A Corte enferma de *História de Inverno* é substituída pelo mundo pastoral onde as identidades são mascaradas antes do retorno à Corte renovada pelo casamento do jovem par e a reunião da família desfeita.

A tipologia das personagens aí se estrutura mais, entretanto, segundo cinco níveis éticos, a divindade providencial ou seu substituto humano com dons de mágico, o par de jovens amantes, as personagens menores de bom senso cotidiano, o louco encarnando a natureza deseducada, o malvado de natureza corrompida. O misantropo está ausente quando não é o perverso cujo perdão é essencial a essa dramaturgia, onde o assassínio permanece como crime inexpiável: por ter querido matar Péricles, os incestuosos de Antioquia não são resgatados como o criado dos alcoviteiros, que acaba ajudando Marina em sua fuga; cruel antes por asneira, Cloten não é perdoado como Iaquimo, mais *voyeur* que sanguinário.

O Mito de Proserpina

Como nas comédias, o mundo verde dos romances, austero como as montanhas galesas onde Belário inicia no culto do sol os filhos de Cimbelino, ou coberto de flores como as pradarias da Boêmia após a noite de inverno, permanece o mundo de Orfeu onde a música acompanha o séquito ritual de Imogênia, assegura o despertar de Taísa e de Hermíone, enche o ar de ilusões na ilha de Póspero.

Mas o clima particular dos romances vem das teofanias sustentadas pela ação de algum mago. Para além da anedota, elas unem-se ao mito de Proserpina. Jovens raparigas ou mulheres jovens são ameaçadas em sua carne, como as de Beaumont e de Fletcher: Marina, Imogênia e Miranda escapam aos desejos dos brutos como aos assassinatos preparados por seus parentes. Elas, porém, fazem mais que triunfar das peripécias sádicas tiradas do estoque do folclore.

O triunfo de Marina sobre a morte espiritual do bordel é necessário à reanimação de Taísa. Imogênia é morta simbolicamente e levada para a terra, mas o mito fica mascarado em *Cimbelino*: Póstumo deve poupar a vida de Iaquimo para provar que perdoou a Imogênia antes de saber de sua inocência e enfrentar o calabouço subterrâneo dos condenados à morte antes de saber que ela está viva.

O mito é explícito em *História de Inverno* no título solsticial, representando os símbolos apresentados em negativo em *Trabalhos de Amor Perdidos*. O inverno começa quando Leontes, enciumado sem razão, segundo um postulado dramatúrgico, abandona a lembrança do paraíso pastoral de sua infância para mergulhar em suspeitas obcecantes e arrancar a Hermíone seu filho Mamílios para condená-la à fogueira, apesar do oráculo de Apolo, por adultério com o rei da Boêmia; ele acaba com a exposição à tempestade do bebê Perdita, rejeitada como bastarda, e a morte de Mamílios, desesperado, convencendo Leontes de seu crime.

Após um intervalo de dezesseis anos, o irresistível impulso da vida reúne na grande festa pastoral da Boêmia o jovem príncipe Florizel (anjo-flor), disfarçado em pastor, e Perdita, mascarada em deusa da primavera, colhendo flores primaveris sem prestar atenção a Autólico, símbolo plutoniano do desejo. Essa virgindade amorosa, símbolo do estado edênico antes da união dos corpos, torna possível o retorno a uma corte purificada. O mundo do ciúme não era senão uma criação da credulidade de Leontes; o mundo do amor é uma criação do desejo de vida em um clima e festa no qual participam todas as artes: ele permite a reanimação da falsa estátua de Hermíone por um ritual mágico a unir o homem e a natureza, ressuscitando Leontes da morte espiritual de seu desespero, sem poder no entanto apagar todos os crimes passados: Mamílios permanece a inocente vítima do mal inerente à natureza do homem.

História de Inverno ilustra perfeitamente a tonalidade religiosa dos romances: "a rejeição do oráculo de Apolo é apresentada como blasfêmia, imediatamente seguida do anúncio da morte de Mamílios; a penitência de Leontes é narrada em termos cristãos: ...Hermíone parece ressuscitar dentre os mortos" (Barber). Mas reflete também a evolução social da Inglaterra jacobita: "o afastamento enorme entre a Corte e o campo, o domínio da natureza pela arte humana, a capacidade de resistência da vida rural tradicional em face às reviravoltas políticas, a esperança de uma Inglaterra regenerada pela fusão da Corte e do campo" (*id.*): o enobrecimento do Velho Pastor seria talvez o sonho do dizimador de Stratford.

A Volta do Mar

O mundo verde de *A Tempestade* é a ilha inteira, mundo anfíbio ameaçado pelas águas abissais onde vive o leviatã, símbolo de confusão e de tirania. Baliza do mito da ilha, entre *A Utopia* de More e a *Nova Atlântida* de Bacon, é também um reflexo das Bermudas assoladas pela tempestade onde corre o Fogo-de-Santelmo. É sobretudo um mundo mítico de alucinações, onde a magia branca de Próspero combate, com a ajuda dos espíritos dos elementos, a magia negra de Sycorax para dominar as forças da natureza, alimentar a imaginação dos perversos e conduzir Ferdinando e Miranda ao casamento segundo os ritos comandados pela lua e pelo ritmo das ondas. Mais do que em qualquer parte, o mundo verde é aí a etapa regeneradora de uma sociedade com fundamentos éticos pela ação da educação e da música. Destronado por haver preferido o estudo ao poder, Próspero aparece como reflexo do sábio que domina a natureza, ao aivorecer do século da "grande revolução do espírito", antes que seu regresso a Milão permita esperar o reinado de um rei-filósofo, segundo as concepções dos humanistas.

Ensinando a Ferdinando a continência e a paciência pelo trabalho manual, Próspero permite-lhe merecer Miranda: sob o arco-íris, símbolo da renovação após a tempestade e promessa de perpétua primavera em um mundo onde a inocência voltou, a máscara fantasmagórica dos ceifeiros eleusinos e das deusas da fertilidade, de onde está excluído a Vênus do erotismo selvagem, anuncia a alvorada de uma nova idade de ouro onde o desejo fica submetido ao espírito. Introduzindo os que o destronaram em um labirinto de prodígios onde desaparecem as mesas de banquete ao som de músicas celestes, Próspero conduz os pecadores a reconhecer suas faltas, estendendo seu perdão mesmo ao mais insensível: Shakepeare sabe que o mal não pode finalmente ser destruído e que um Antônio só pode ser perdoado por existir. Porque ter aniquilado a obra de Sycorax, agente consciente do mal, Próspero pode devolver a Ariel a sua liberdade aérea antes de voltar a Milão para tentar construir uma sociedade melhor. Imagem do escravo negro ou de índios da Virgínia, reflexo dos canibais de Montaigne, homem da natureza bruta espoliado pela colonização, grotesco em sua revolta cega à caça de uma liberdade ingenuamente limitada à alimentação abundante e ao sono tranqüilo, trágico pela tomada de consciência e pela recusa de sua condição servil, Calibã não pôde obter sua vingança na violação de Miranda: voltando a ser senhor de sua ilha sem ter podido engendrar a raça de ascendência demoníaca, cessará "de tomar por Deus um bêbado" e merecerá sua graça começando a escalar a longa estrada que conduz à sabedoria de Próspero.

Capítulo V

Shakespeare na Europa Clássica *

O Eclipse de Shakespeare

A reação aristocrática assegurara desde o reinado de James I o sucesso dos pequenos teatros particulares, demasiado caros para os meios populares, reservados a um "pessoal próximo da Corte, apaixonado por comédia escabrosa e tragédia heróica" (J. Jacquot), e pelas "máscaras" de Ben Jonson e de Inigo Jones que valorizam a família real no balé final. À morte de Shakespeare, sua obra já estava assim eclipsada pelas de seus rivais, mais bem adaptadas ao gosto do novo público. A impressão do *Primeiro Fólio* (1623) não aumentou em nada o repertório de reprises além das obras dominadas pelo tema em moda da heroína ameaçada de assassinato ou de violação, de *Otelo* aos romances.

Shakespeare foi arrastado na derrocada dos teatros, fechados pelos puritanos vitoriosos em 1642. Aos agravos habituais contra o teatro, travestis satânicos, profanação do sabá, desperdício de tempo e de dinheiro, se juntava contra ele sua temática demasiado mo-

* Agradecemos à redação dos *Annales* por nos ter autorizado a retomar neste capítulo e no seguinte passagens de nosso artigo — "L'Europe en quête de Shakespeare", *Annales*, janeiro de 1968.

narquista nas histórias, demasiado erótica nas comédias, muito pouco dogmática nas tragédias.

Shakespeare e a Estética Clássica

A estadia da Corte em exílio na França, onde ela havia apreciado os balés e as óperas que Mazarin tentava aclimatar, facilitou em sua volta o êxito da sala à italiana propícia à glorificação do monarca pelo lugar que lhe reservava na primeira fila da platéia, diante dos notáveis, nobres e grandes burgueses. Outra inovação capital, de origem continental também, os papéis femininos foram doravante representados por atrizes: já em dezembro de 1660, Samuel Pepys era sensível ao encanto de Margaret Hughes no papel de Desdêmona.

O novo público sentia-se, no entanto, pouco inclinado a aceitar tal qual a ópera italiana, mas Shakespeare parecia um autor bárbaro, indigno de espectadores refinados. Por isso, quando William Davenant, poeta laureado de Carlos I, que tinha mantido contatos com a Rainha durante a guerra civil, obteve de Carlos II o monopólio para explorar um terço da obra de Shakespeare, adota, para colocá-la ao gosto do dia, uma "cirurgia estética" com enxertos de cantos e danças. Em *Medida por Medida,* onde Ângelo tenta corromper Isabela para melhor testar sua virtude, Davenant integra a Beatriz de *Muito Barulho em Torno de Nada* dotando-a de uma irmã cuja função é apenas a de cantar e dançar ao som de castanholas; faz com que, graças às máquinas, girem por baixo da cena as feiticeiras de *Macbeth* que substituem as tripas de tigre pelas do inimigo holandês em seu caldeirão mágico; multiplica os papéis femininos dando a Miranda uma irmã com quem ela troca alusões licenciosas, fazendo aparecer Sycorax como irmã de Calibã e dotando Ariel de uma alma-gêmea. Dentro do mesmo espírito, a Cressida de Dryden se apunhala para salvaguardar a justiça poética quando Troilus se recusa a crer em sua fidelidade. A substância shakespeariana acaba mesmo por desaparecer quando Tate terminou seu *Rei Lear* pelo casamento de Cordélia com Edgar e o retiro do rei para um monastério.

O formalismo crítico pseudo-aristotélico atingia então uma Inglaterra banhada pelos raios do Rei-Sol. Reprovando a Shakespeare por ignorar as unidades, Dryden reduzia o longo desenvolvimento de *Antônio e Cleópatra* em todo o seu quadro mediterrâneo ao dia fatal de Alexandria. No entanto, por intuição mais do que por raciocínio, reconhecia em Shakespeare "o homem de alma maior entre todos os poetas modernos e talvez os antigos".

Tais adaptações e interpretações de atores de talento em cenas intermediárias entre a plataforma elisabetana e o palco à italiana asseguraram, entretanto, a sobrevivência de um autor quase esquecido no começo da Restauração. Foi o suficiente para levar Nicholas Rowe a inserir uma primeira biografia no prefácio de uma edição das obras, cujos frontispícios ficaram entretanto bem próximos das ilustrações de Racine (1709).

A Volta a Shakespeare

O gosto clássico havia sobretudo valorizado as tragédias transvestidas segundo as regras. O advento dos Hanover reconduziu a atenção aos problemas dinásticos das histórias e um certo "prazer de viver" garantiu por volta de 1740 o sucesso das comédias romanescas. Apesar do emprego persistente de adaptações edulcorantes, Shakespeare se beneficiou então do nacionalismo cultural de um país que queria sacudir em todos os domínios a preponderância francesa. Stratford torna-se uma espécie de local de romaria nacional, exaltado, logo após a vitória de 1763, pelo jubileu do bicentenário, em que o ator Garrick fez coroar Shakespeare pelas musas.

A atitude crítica se desviou do formalismo clássico. Já em 1723, Pope louvara em Shakespeare o conhecedor da natureza humana em toda a diversidade existencial de suas condições sociais. Em 1765, Samuel Johnson admitia a mistura de elementos trágicos e cômicos e renunciava a censurar Shakespeare por sua inobservância das unidades.

Ao final do último terço do século, o que se convencionou chamar de Pré-Romantismo promoveu uma nova abordagem de Shakespeare. Criticando a edição de Pope, Lewis Theobald por volta de 1725 já havia tomado contato com as fontes, de Holinshed às traduções de Plutarco por North. O editor Malone reuniu para sua edição de 1790 toda uma documentação elisabetana. Os grandes intérpretes procuravam mais cor local: as últimas apresentações de Garrick situavam as tragédias em um cenário de paisagens selvagens e de ruínas, como eco ao quadro de Reynolds, a barbarizar seu *Rei Lear na Tempestade*; Kemble representou as histórias em cenários pretensamente góticos. A "bardolatria", encontrou o apogeu no pastiche, quando W. Ireland tentou fazer com que seu *Vortigern e Rowena* (1796) fosse reconhecido como uma obra perdida de Shakespeare.

Shakespeare no Mundo Germânico

A causa de Shakespeare foi ganha primeiro na Alemanha. Desde o fim do século XVI, as companhias inglesas tinham percorrido o país, dotado, antes que a Inglaterra, de teatros públicos. Seu êxito as conduzia desde 1600 a abandonar a língua inglesa, apesar das improvisações do *clown* em alemão, pela língua local: Shakespeare tornou-se em alguns anos bastante popular, chegando a influenciar as comédias do nuremberguês Jacob Ayrer, publicadas em 1618. Após trinta anos de guerra, quando os comediantes ingleses retornaram à Alemanha, elaboraram, com os atores e as atrizes alemãs que reforçavam suas *troupes,* adaptações em prosa bastante chãs, incorporando por vezes elementos de peças de outros autores sobre o mesmo tema, mas eliminando os grandes monólogos: Pórcia não mais exaltava por tanto tempo as virtudes do perdão, e Hamlet punha menos questões a si mesmo.

A tradução de *Júlio César* segundo o texto original, pelo embaixador da Prússia, von Borck, em 1741, atraiu imediatamente a atenção de críticos como Gottsched e sobretudo Lessing. Enquanto Wieland se atrelava a uma tradução integral do teatro de Shakespeare (1762-1766, completada por Eschenburg), Lessing se inspirava em suas obras dramáticas e seus ensaios críticos para opor-se ao predomínio da tragédia clássica à francesa. Herder, em seu entusiasmo pela volta ao primitivismo, fez de Shakespeare o "deus do teatro", a ser colocado no mesmo plano que a Bíblia, Homero e Ossian, transmitindo em Estrasburgo sua admiração ao jovem Goethe, em 1770, "Shakespeare, meu amigo . . . as primeiras páginas que eu li dele me tornaram seu para sempre" (Goethe): o modelo é evidente em *Goetz von Berlichingen* tanto quanto nos dramas históricos de Schiller, dos *Salteadores* a *Guilherme Tell.* Mas quando Goethe quis, como seu herói Wilhelm Meister, apresentar *Hamlet* ao público de Weimar (dois mil espectadores em potencial) chocou-se com o gosto dos amadores de dramas burgueses e de óperas de Mozart, prejudicado além disso pela incompreensão dos atores e pelo prosaísmo das traduções de Wieland. Quando apareceram as de A. W. Schlegel (1797-1810), completadas por Tieck depois de 1820, Goethe voltou a um neoclassicismo davidiano e privado, pela morte de Schiller, em 1805, da ajuda de um melhor técnico, havia a tal ponto perdido o gosto pelo teatro, que o julgou então incompatível com a poesia a ponto de atrever-se a escrever que Shakespeare, "mais poeta que dramaturgo, jamais pensou no palco".

Por intermédio dos alemães, Shakespeare foi muito cedo conhecido nos países escandinavos: Klopstock, que morava em Copenhague de 1751 a 1770, aconselhava ao dramaturgo Johannes Ewald a dialogar em um estilo shakespeariano suas tragédias românticas, extraídas da crônica de Saxo, antes mesmo das representações das companhias alemãs a partir de 1776.

A Acolhida da França

Um certo parentesco de técnica dramática com os dramaturgos franceses do início do século XVI, Montchretien, Hardy, Jean de Schelandre, e até mesmo Corneille no tocante a *Clitandre,* poderia fazer crer em uma penetração bastante fácil (Luís XIV e Fouquet possuíam um exemplar do *Fólio* de 1632): o triunfo da estética clássica ligada à transformação do espaço cênico em teatro fechado à italiana deixou Shakespeare quase ignorado durante mais de um século. Quando a crise do sistema monárquico francês fez com que alguns começassem a erigir a Inglaterra como modelo, a viagem a Londres permitiu ao jovem Voltaire e ao abade Prévost ler Shakespeare no texto original e vê-lo representar, mas através da óptica de adaptadores como Dryden e Pope: seus julgamentos refletem os dos ingleses da Restauração. A palavra tragédia que figura no título de *Hamlet* e de outras peças falseava demais o julgamento dos franceses que não queriam aceitar sob esse vocábulo obras em verso construídas segundo as regras. Embora houvesse franqueado a etapa da tragédia-conversação para a tragédia-espetáculo, Voltaire só podia transpor as "belas cenas" de um "gênio cheio de força e de ferocidade, de natural e de sublime, sem a mínima centelha de bom gosto e sem o conhecimento das regras": primeiro Paris não conheceu *Otelo* senão sob a máscara de *Zaire*. Quando Ducis tentou transpor para os Comédiens Français as grandes tragédias, as reações de seu público o obrigaram a edulcorar as traduções de La Place para pô-las em uníssono com o sentimentalismo da segunda metade do século XVIII; precisou modificar as relações humanas e as causas dos conflitos, cortar cenas e personagens: para chegar ao casamento de Hamlet e Ofélia, escamoteou o espectro, Fortinbrás, Laertes, Rosencrantz e Guildenstern, os comediantes, os coveiros e alguns outros! (1769). Mas a tradução de Le Tourneur (1776), completa e bastante fiel para desencadear o furor sarcástico de Voltaire, irritado devido a um prefácio muito lisonjeador de espírito pré-romântico, tinha o agravo suplementar de ser em prosa para poder destronar as adaptações de Ducis, cujo *Otelo* foi interpretado em 1792 dentro de um espírito *sans-culotte* pelo cidadão-deputado Flins: "Os homens do 10 de Agosto acharão ótimo que uma mulher branca ame um homem cuja cor difira um pouco da sua, quando esse homem é belo, jovem e passional". Um leito era exposto em cena, mas "os republicanos, que têm melhores costumes que os súditos de uma monarquia, não são absolutamente escravos como estes desta falsa delicadeza que é a hipocrisia da decência"; tanta virtude não podia desembocar senão no reconhecimento a tempo, por Otelo, da inocência de Hedelmone a quem perdoava o pai, numa reconciliação geral em um tocante quadro de família *à la* Greuze.

Shakespeare e o Mundo Eslavo

Shakespeare passou muito tempo por intermédio germânico no mundo eslavo-danubiano controlado pelos Habsburgos, mas muito cedo penetrou na Polônia. Os "comediantes da arte" haviam seguido os mercadores italianos à Cracóvia e mais além já em 1554. O surto do comércio inglês no Báltico após 1600 conduzia a Elbing, Danzig e Varsóvia *troupes* teatrais que, malgrado o obstáculo do idioma, obtiveram bastante sucesso para que se possa descobrir uma influência shakespeariana no primeiro teatro polonês, que desapareceu após a invasão sueca de 1655. Quando a Polônia conheceu uma nova florescência cultural sob o reinado de Estanislau Augusto Poniatowski na metade do século XVIII, a preponderância do gosto francês e a espera de obras mais diretamente de acordo com as novas aspirações não entravaram a admiração por um Shakespeare, aliás classicizado, no círculo do Príncipe Czartoryski, parcialmente educado na Inglaterra. As duas influências convergiram para a criação de um novo teatro nacional, apesar da oposição dos amigos de Voltaire. Em 1797, Boguslawski fez representar em Lvov uma adaptação de *Hamlet,* inspirada em versões francesas e alemãs, com o final feliz habitual.

Na Rússia, alguns atores alemães parecem ter representado adaptações no século XVII. Mas Shakespeare penetrou sobretudo com as traduções francesas: em 1750, para as representações do Corpo de Cadetes na Corte, Sumarokov traduziu, segundo *Le Théâtre Anglais* de La Place, um *Hamlet* assaz "civilizado" para assemelhar-se com dificuldade a Shakespeare: por suspeitar que Gertrudes vá tomar o partido de Hamlet em seu arrependimento, Cláudio projeta com Polônio matá-la, a fim de esposar em seguida a Ofélia!, mas Hamlet triunfa em todos os domínios. Catarina II mandou até publicar com seu nome dois dramas históricos da época de Kiev, segundo as traduções de Eschenburg, e uma adaptação das *Alegres Comadres de Windsor.*

A preponderância da cultura francesa repeliu até o fim do século XVIII a penetração de Shakespeare no domínio mediterrâneo. A Itália o viu por muito tempo com os olhos de Voltaire, e os escritores ingleses mais apreciados eram antes os contemporâneos, Pope, Addison ou Swift. A controvérsia travada por Baretti, amigo de Johnson, contra Voltaire quando este renegou seus entusiasmos de juventude teve apenas uma fraca repercussão. A admiração de Alfieri e de Monti derivava ainda de adaptações francesas.

É também por La Place e Ducis que Shakespeare penetrou na Espanha, quando Ramón de la Cruz traduziu *Hamlet* em 1772: foi necessário esperar 1798 para que Moratín se referisse ao texto inglês. Apesar de intensas relações comerciais e políticas no século XVIII, os literatos portugueses conheceram certamente desde muito cedo o tema das principais obras, mas não se encontra quase nada em português exceto a ópera *Ambleto em Dania,* de Francisco Ameno, e um *Júlio César* adaptado por Vicente Pedro Nolasco da Cunha por volta da metade do século XVIII, através de mediações estrangeiras.

Capítulo VI

A Conquista da Europa

Shakespeare beneficiara-se na Inglaterra com o clima nacionalista nascido das guerras contra a França revolucionária e imperial: desde 1807, Charles e Mary Lamb publicaram *Contos Extraídos de Shakespeare* e o reverendo Bowdler, um *Shakespeare das Famílias,* expurgado para uso dos espíritos inocentes, embora a supressão das insinuações salazes de Iago não tornassem explicáveis a conduta de Otelo, a não ser como uma crise de histeria. Shakespeare tornou-se, sobretudo, o modelo opostos pelos românticos aos neoclássicos. Coleridge desenvolveu após sua viagem a Göttingen (1798) a nova abordagem crítica dos universitários alemães: o maior artista que jamais viveu porque soube dar a cada obra uma estrutura orgânica própria, sem estar ligado pelas unidades pseudo-aristotélicas que substituía vantajosamente por uma unidade de emoção, tornava-se assim uma espécie de gênio profético universal, situado por Carlyle entre os maiores heróis de todos os tempos.

Essa adulação continuou incontestada durante toda a época romântica e vitoriana. Shakespeare tornou-se um valor seguro para os diretores das salas de espetáculo, onde seus grandes papéis trágicos permitiam aos grandes intérpretes como Kean e Irving afirmar a paixão sem a ênfase afetada das tragédias clássicas e descobrir o valor da expressão corporal. O sentido reencontrado da individualidade de cada época culminou por volta de 1840 em uma reconstituição minuciosa dos cenários, dos trajes e dos acessórios, o que fez desaparecer os anacronismos chocantes em um século historiador, mas ao preço de uma hipertrofia de cenários cuja lenta implantação interrompia o ritmo da ação e obrigava a inverter as cenas, no momento mesmo em que Macready e Phelps começavam a voltar ao texto autêntico.

A Travessia do Atlântico

Os pioneiros puritanos limitaram por muito tempo o teatro a um estudo universitário dos autores latinos. Quando companhias profissionais vieram representar as obras de Shakespeare em meados do século XVIII, elas se chocaram com uma incompreensão hostil, sobretudo na Nova Inglaterra: em Newport (Rhode Island), Douglas não pudera representar *Otelo* em 1761 senão fazendo-o passar por "uma série de diálogos morais em cinco partes, mostrando os maus efeitos do ciúme... e provando que a felicidade só pode provir da busca da virtude". Mesmo em 1792, em Boston, a reabertura do teatro após 42 anos teve fim, dadas as preocupações do *sherif* após as representações de *Hamlet* e de *Ricardo III*. Todavia as outras colônias tinham acolhido muito rapidamente as excursões dos grandes atores ingleses interrompidas durante algum tempo pela Guerra da Independência. Shakespeare ganha, desde então, o direito de cidadania nos Estados Unidos, onde foi representado mais do que qualquer outro dramaturgo, progredindo ao mesmo tempo que os pioneiros: os *showboats* do Mississippi e os teatros californianos no tempo do ouro reencontravam um público composto quase-elisabetano onde só faltavam os aristocratas; e a atriz shakespeariana tornou-se, como as animadoras dos *saloons*, uma as personagens-tipo de *western*. Apesar das reticências de Walt Whitman diante de uma temática "inaceitável para um democrata americano", Shakespeare, que forneceu por vezes uma linguagem às personagens de Melville, permanece como uma das medidas comuns do grande todo anglo-saxão" celebrado por Henry James, quando a Bíblia deixou de ser o Livro de uma América de seitas múltiplas, em parte católica ou agnóstica.

Shakespeare e o Mundo Germânico

A renúncia de Goethe não retardou a conquista dos palcos alemães por Shakespeare, cuja influência se mesclou à dos grandes espanhóis do Século de Ouro, na obra dos dramaturgos das gerações seguintes, de Kleist a Büchner, de Grillparzer a Hebbel. Heine o despiu de todo traço de anti-semitismo, interpretando *O Mercador de Veneza* como um conflito entre opressor e oprimido. A aculturação desembocou mesmo na fundação de uma Deustche Shakespeare Gesellschaft, em Weimar, para o tricentenário, em 1864, apenas 24 anos depois de sua homóloga londrina.

A exemplo da Alemanha, os países escandinavos passaram das adaptações às traduções freqüentemente representadas. Se os dinamarqueses, como é de praxe, começaram por *Hamlet* já em 1777, foi *Macbeth* que Erik Geijer em sueco (1813) e Niels Hauge em norueguês (1855) traduziram em primeiro lugar enquanto Lagervall o adaptava para fazer de *Ruunulinna* (1832) a primeira tragédia finlandesa. As obras completas estavam traduzidas por toda parte antes do fim do século, e Strindberg reconheceu que seus dramas históricos deviam tanto a *Júlio César* quanto ao *Goetz*, de Goethe.

Shakespeare e os Países Latinos

A penetração foi muito mais lenta na França, onde Shakespeare se chocou com a tradição nacional e universitária alimentada por autores do "Grande Século". A resistência clássica não fora sequer iniciada quando Germaine de Staël importou para a França a estética de seu amigo Schlegel. Mas, durante a década de 1820, Charles Nodier revelou aos jovens escritores românticos o mundo mágico de Titânia e de Ariel; Guizot reviu as traduções de Le Tourneur (1821); Stendhal converteu a admiração por Shakespeare no critério da adesão ao novo espírito contra o qual fulminavam os defensores de Racine. Victor Hugo continuou o combate no prefácio do *Cromwell* no momento em que chegavam como reforço os comediantes ingleses ao Odéon ou ao Italiens, de setembro de 1827 a julho de 1828; apesar dos cortes políticos ou religiosos impostos pela censura, o efeito foi considerável. Delacroix perpetuou essa lembrança com suas litografias do *Hamlet*. "Chassériau [fez] de Otelo e de Desdêmona um dos mais impressionantes trabalhos de sua curtíssima carreira" (Jean Duvignaud). Berlioz, apaixonado por Harriet Smithson (Ofélia), inspirou-se em temas shakespearianos. As grandes estréias românticas seguiramse imediatamente, a despeito de uma grande influência de Schiller, salvo no caso do *Lorenzaccio* de Musset. Mas Vigny precisou ainda desculpar-se, nas notas de *O Mouro de Veneza*, às concessões impostas pelo público e os Comédiens Français voltaram ao texto de Ducis durante muito tempo, malgrado os esforços de Dumas, pai, da tradução integral de Fr. V. Hugo (1859-1866).

Shakespeare desempenhou na Itália o mesmo papel de antídoto da tragédia clássica invocado pelos votos de Manzoni assim como de Silvio Pellico. Mas as traduções, amiúde muito distantes, de Leoni permaneciam demasiado edulcoradas para provocar o choque liberador. Shakespeare precisou passar pela adaptação ao teatro lírico que suplantava na época outras formas de dramaturgia: propícios à exaltação cantada da paixão amorosa, o *Othello,* de Rossini (1816), e *I Capuletti ed i Montecchi,* de Bellini (1830), abriram caminho para o *Macbetto,* de Verdi (1847), antes de suas obras-primas do fim do século, *Otelo* (1887) e *Falstaff* (1893). Submissos demais a uma concepção clássica da tragédia, os italianos só aceitaram verdadeiramente Shakespeare a partir da interpretação dos grandes papéis trágicos por Ernesto Rossi, após 1856, primeiro de uma série de grandes atores shakespearianos italianos.

De Lope de Vega a Calderón, o teatro espanhol já continha riquezas suficientes para se libertar do classicismo sem recorrer a um autor "herético": no começo apenas fizeram sucesso as tragédias da paixão, *Otelo,* ainda mais que *Romeu e Julieta,* através da intermediação de Ducis. Mas o retorno à Inglaterra de emigrados que lá se refugiaram durante a Guerra da Independência e o reinado de Fernando VII (falecido em 1832) levou alguns destes a representar suas peças fortemente influenciadas por Shakespeare como os *Amantes de Teruel* de Juan Eugenio Hartzenbusch. A brecha foi alargada em 1867 por uma *tournée* de cantores italianos que revelaram as óperas inspiradas em Shakespeare, determinando assim uma série de traduções e representações de novas obras, quinze anos antes de Portugal. *Macbeth* foi inclusive traduzido para o basco e o catalão.

Shakespeare e o Mundo Eslavo e Danubiano

No fim do século XVIII, Karamzin havia imposto à oposição conservadora um Shakespeare, segundo Le Tourneur, muito sentimental e "schillerizado"; apesar dos cortes da censura, as representações das grandes tragédias, traduzidas de Ducis, contribuíram, no reinado de Alexandre I, para a luta contra a influência francesa. Na década de 1820, no entanto, o Príncipe Chakhovskoi, fervoroso partidário do classicismo, mas homem de teatro, ofereceu à sua amiga, a atriz Iejova, uma adaptação de *A Tempestade* que acentuava o maravilhoso e o pitoresco. A publicação das adaptações de Guizot reavivou a interesse por Shakespeare: Puchkin, "firmemente convencido de que as leis do teatro shakespeariano [convinham] melhor ao teatro [russo] que os costumes da corte de Racine" quis fazer de *Boris Godunov* uma crônica histórica correspondente às de Shakespeare; mas o lugar conferido ao povo o impediu de receber o visto antes de 1870. Após as interpretações concorrentes de Motchalov em Moscou e de Karatygin em Petersburgo de um *Hamlet* diretamente traduzido do inglês (1836), Shakespeare tornou-se na Rússia um símbolo não somente estético mas também político: os decabristas já viam nele o promotor da liberação da personalidade; durante a década de 1860, os "democratas", Dobroliubov ou Tchernichevski, censuravam os "estetas", como Drujinin, de querer "desengajá-lo" sem fazer frente contra as secretarias que sustentadas pelos anti-shakespearianos reacionários que, de fato, o expulsaram dos teatros das duas capitais.

Apesar de Boguslavski e seus êmulos, os atores poloneses usaram sobretudo as adaptações francesas ou alemãs, antes que a primeira onda romântica chegasse à Polônia, por volta de 1820. Mickiewicz realizou uma série de traduções diretas do inglês, vendo na obra de Shakespeare não somente "o reino dos céus", mas também, assim como Puchkin, um modelo para um teatro nacional: se o *Pan Geldhab* de Fredro mescla habilmente elementos molierescos e shakespearianos, podemos encontrar também no teatro de Slowacki, especialmente em *Balladyna,* uma alternância de "fases" Lear e de "fases" Macbeth na *moldura* de uma tragédia entremeada de situações provindas de *O Sonho* ou de *A Tempestade.* Mais do que em qualquer outra parte, na Europa Central, profissionais e amadores representaram Shakespeare nas cidades e nas aldeias durante todo o século.

A introdução de Shakespeare na Hungria é também um elemento do progresso do nacionalismo no interior da área cultural germânica. A representação de *Hamlet* em alemão, em Budapest (1776), obrigou Kazinczy a traduzi-lo para o húngaro (1796). Mas, até cerca de 1835, os teatros da capital permaneceram dominados pelas produções alemãs. Somente as companhias de teatro em *tournée* pela província utilizavam traduções húngaras, muitas vezes medíocres e derivadas do alemão. Quando as companhias itinerantes se reagruparam em um Teatro Nacional (1937), acabaram por obter, em 1847, o concurso dos grandes poetas para uma tradução original de Shakespeare: Vörösmarty e Arany, em suas próprias obras, já se haviam inspirado nas comédias como foi o caso de *Hamlet* para Pitöff em seus poemas. Se a Revolução de 48 interrompe o projeto, Arany pôde retomá-lo com sucesso em 1860.

Tchecos e eslovacos seguiram o mesmo itinerário, das representações em alemão de *Hamlet* em Bratislava (1773) e Praga (1776) à tradução de *Macbeth,* através do alemão, por Tham, já em 1786, e à monumental tradução direta de Kolar em 1853, preludiando a celebração do tricentenário em 1864 e exprimindo pela boca das personagens de *História de Inverno* os laços entre o gênio inglês e a arte tcheca. O mesmo processo contribuiu com uma certa defasagem para a autonomia cultural dos croatas e dos romenos, porém, a longa dominação turca retardou ainda mais a penetração de Shakespeare na península balcânica, ao passo que o lado romântico da independência grega ia introduzi-lo entre os criadores do teatro europeu.

Novas Interpretações

Todavia, associado ao triunfo de um romantismo tinto de nacionalismo, Shakespeare não saiu daí indene. As óperas haviam difundido sua obra, mas Mendelssohn e Gounod, entre outros, podiam parecer tão distantes do espírito de sua obra quanto os adaptadores clássicos. O ascenso do individualismo e o culto da vedete sem dúvida ligados às novas concepções sociais de uma burguesia conquistadora permitiram, para o bem dos "monstros sagrados", desdobrar todos os seus virtuosismos de ator nos grandes papéis das grandes tragédias, mas às custas de uma visão dramatúrgica global. Essa contração da obra acaba por culminar no hamletismo, mergulhado em si, com um pensamento individualista crepuscular, tal como o refletia Jules Laforgue, tal como nele se compara a *intelligentsia* russa, apesar da tentação do quixotismo voltado para o exterior que Turgueniev pretendia contrapor-lhe. Esse psicologismo fez de Shakespeare um dos mestres da geração dos grandes romancistas, um irmão em espírito de Dostoiévski, apaixonado por seu estudo da "natureza humana, sem disfarce, abjeta e sublime".

Shakespeare tornou-se assim o alvo dos ataques convergentes de Tolstoi e de G. B. Shaw. Tolstoi lhe reprovava a insuficiente motivação das personagens, falta de realismo e a ausência de verossimilhança; suas peças lhe pareciam sobretudo refletir "as disposições de espírito irreligiosas e imorais das classes dirigentes à época de Shakespeare". G. B. Shaw considerava Shakespeare como "uma das torres da Bastilha a ser abatida" para assegurar o sucesso do novo teatro, de Ibsen... e de G. B. Shaw. Não podia, tampouco, aceitar uma imagem trágica da vida oposta às suas concepções sociais, mas sua admiração pelo escritor atraiu-lhe a atenção para as comédias satíricas e o levou a uma ruptura com Tolstoi o qual, a seus olhos, ia demasiado longe.

Essa contestação provocou uma nova aproximação crítica a Shakespeare no século XX. Bradley insistia sobre o caráter poético da dramaturgia shakespeariana para refutar as acusações de inverossimilhanças e se apegava ao estudo das personagens que Freud e E. Jones tentavam esclarecer através da psicanálise. Stoll e Schüking reagiram contra o psicologismo romântico e vitoriano: Shakespeare é sem dúvida um dos gênios universais mas só pode ser compreendido à luz das condições sociais e das convenções dramáticas elisabetanas; essa crítica histórica culminou nas buscas de Tillyard e de seus sucessores sobre a interpretação das histórias. Em seguida a T. S. Eliot, a atenção foi conduzida sobre os problemas de linguagem e o papel revelador das imagens, enquanto G. Wilson Knight se empenhava em uma interpretação espiritualista simbolista que vê em numerosas personagens figuras de Cristo. Northrop Frye e C. L. Barber exploram sobretudo os elementos míticos das comédias enquanto J. Holloway investiga as origens rituais das tragédias.

Shakespeare e a Revolução Teatral

Certos homens de teatro desejavam reencontrar uma maior autenticidade, comprometida tanto pelo abuso das adaptações quanto pelo triunfo das pesadas "reconstituições históricas" em papelão empastado com intermináveis mudanças de cenários. Já em 1836, Tieck tivera a idéia de efetuar um retorno às condições cênicas elisabetanas. O nascimento da dramaturgia moderna, graças à eletricidade, a deslocar o palco à italiana, permitiu aos encenadores realizar pouco a pouco o sonho de Tieck, ao fim do século XIX, no Hoftheater de Munique e depois, quando William Poel e Granville Barker, na Inglaterra, se lançaram sobretudo a reencontrar o ritmo do encadeamento elisabeteano. Shakespeare foi associado no Continente ao nascimento de um novo teatro. Na França, à época em que a leitura de sua obra contribuía para fazer germinar a de Claudel, Lugné-Poë empreendia a tarefa de tornar melhor conhecido o teatro elisabetano. Lá onde Stanislavski malograva por ter enxergado demasiado os jardins de Brutus através das cerejeiras em flor, os sucessos da *Noite de Reis* em 1914 e da *História de Inverno* em 1920 balizaram o trabalho de laboratório de Copeau para devolver ao teatro a sua teatralidade em novas condições cenográficas. Enriquecido pelas contribuições de outros grandes inovadores, Appia e sobretudo Gordon Craig, mais tarde Artaud, do qual amiúde se reteve pouca coisa exceto a condenação de Shakespeare por psicologismo, a lição de Copeau transmitiu-se aos diretores de Cartel, Baty, Pitoëff, sobretudo Dullin, e por seu intermédio a Vilar e Barrault, cujas encenações shakespearianas querem testemunhar que "o teatro não é útil à sociedade a não ser que ele nos limpe, nos retifique e nos verifique".

Muito cedo, Shakespeare viu-se ligado à procura de um teatro popular: Antoine representara versões integrais, Camille de Sainte Croix inaugurou em 1909 conferências-espetáculos destinadas a revelar toda a obra. Para preparar um T.N.P., Gémier criou, em plena guerra, uma sociedade Shakespeare, habilmente apresentada como um laço entre Aliados, exaltando os valores do combate comum, no tom de propaganda oficial, para recorrer aos poderes públicos por uma espécie de chantagem a exemplo da Alemanha, capaz de reconhecer o talento de inovadores como Reinhardt e a importância da influência do teatro sobre as massas. Todavia, no entre-guerras, a apresentação de Shakespeare foi relativamente pouco renovada entre os Comédiens Français, a despeito da movimentação suscitada por *Coriolano* quando certos arruaceiros de 6 de fevereiro de 1934 pretenderam encontrar nele uma justificativa para suas ações. Foi naturalmente que Jean Vilar escolheu *Ricardo II* para definir os princípios de encenação aplicados a partir do Festival de Avignon no TNP no palácio Chaillot e para restituir aos espectadores a fé no futuro que certas obras desesperadas de Sartre podiam abalar. Shakespeare tornou-se assim a ponta-de-lança do combate travado pelos centros dramáticos da província, os diretores dos festivais ao ar livre e os mais engajados dos encenadores, interessados sobretudo nas obras históricas de caráter polêmico.

Voltaremos a encontrar seu nome associado às buscas dramatúrgicas em toda a Europa do século XX, notadamente na Alemanha, nas encenações expressionistas do teatro político de Jessner. Talvez por considerá-lo um grande ariano de língua "germânica" e por ter Hitler tentado, durante muito tempo, poupar a Inglaterra, Goebbels não proibiu as representações de Shakespeare na época nazista.

Malgrado algumas passagens filmadas no tempo do cinema mudo, é com o cinema falado que Shakespeare pôde atingir um novo público. Trinta peças pelo menos foram adaptadas, até uma vintena de vezes como *Hamlet* e *Romeu e Julieta,* opondo, em um diálogo de surdos, os admiradores de peças filmadas como as de Laurence Olivier aos que reconheciam que o cinema tem de ser uma transposição e preferem o *Macbeth,* o *Otelo,* ou o *Falstaff* de Orson Welles e o *Romeu e Julieta* de Castellani.

Shakespeare e a Revolução Social

O êxito da Revolução de Outubro colocou o problema de um repertório para o proletariado: Lunatcharski, comissário para a Educação, amigo de Gorki, desejava colocar ao alcance do povo a herança da "cultura burguesa". Maria Andreievna, encarregada de formar um grande teatro dramático e Alexander Blok, presidente da comissão de repertório, condenavam Édipo esmagado sob um destino que seria vão combater, mas viam no "universalmente humano" Shakespeare o centro do repertório, dotado de "demasiado gênio para não ser compreendido pelos proletários" (*Pravda,* 15-9-1978). Todavia os *nepmen* preferiram um repertório moderno, e Maria Andreievna permanecia demasiado imbuída de estetismo burguês aos olhos daqueles que pensavam como Yuri Annenkov que o proletariado devia criar suas próprias obras e nada tinha a fazer com Shakespeare, Molière ou Wagner. Os novos encenadores procuraram engajar Shakespeare em uma dialética marxista: para Meyerhold, *Romeu e Julieta,* vítimas da sobrevivência das lutas feudais, morrem antes do advento do novo Estado centralizador, os senadores venezianos utilizam seu mercenário mouro para assegurar-lhes dominação colonialista, Desdêmona luta pela emancipação da mulher. Em 1932, Akimov transformava *Hamlet*, a golpes de interpolações e de cortes, em democrata lúcido, convertendo em intoxicação política o espectro que ele manipulava, e Ofélia em uma ninfômana a se afogar de despeito na embriaguez. Reduzindo mais simplesmente a uma dialética que opunha ao feudalismo medieval o humanismo da Renascença, Shakespeare efetuava após 1930 uma entrada maciça nos *sovkhoz* e nos *kolkhoze* em georgiano ou em tártaro, em armênio ou em *usbeque*, ou nas excelentes traduções de Boris Pasternak, utilizadas também como diálogos de filmes. A União Teatral Pan-russa organizava conferências anuais mesclando shakespearianos, atores e animadores, mesmo em plena guerra patriótica, onde Shakespeare foi encarregado de insuflar às multidões otimismo heróico e vitalidade. O alargamento do espaço cultural soviético para os países da Europa Oriental provocou nas línguas nacionais o mesmo esforço de tradução integral, e Shakespeare tornou-se um elemento essencial da cultura das democracias populares, conquistando mesmo países até então pouco atingidos, como a Albânia, após as traduções de Fan Noli.

Brecht, obcecado toda a sua vida por Shakespeare, defrontou-se com os mesmos problemas. Primeiro, ele opôs uma recusa a um anacrônico "teatro para canibais", onde as grandes individualidades, forças improdutivas fogem da sociedade em lugar "de tentar transformar as charnecas em campos cultivados e os regicidas em socialistas": o mais nefasto representante do antigo teatro é convertido em algo ridículo quando Arturo Ui parodia a cena de sedução de Lady Anne para obter da Sra. Dolfoot o controle do comércio das couves-flores. Mas, para Brecht, que fazia uma idéia um pouco simplista das condições cênicas elisabetanas, Shakespeare é também o promotor do teatro épico: as peças elisabetanas seriam montagens coletivas, sempre sujeitas à revisão, para espectadores populares; Brecht descobre mesmo os efeitos V (de distanciamento) nas aparições dos espectros. Após a forma, Brecht terminou por aceitar o conteúdo de um teatro implantado no concreto, cujo caráter histórico pode ser relativizado pela transmutação do idealismo shakespeariano em materialismo dialético: *Cabeças Redondas e Cabeças Pontudas* transpõe o problema moral de *Medida por Medida*; restabelecer a virtude, em um problema político, esmagar os camponeses revoltados pelo imposto sobre o sal. Nos ensaios, Brecht imagina "cenas intermediárias" que devem permitir aos comediantes historicizar a tragédia: Julieta proíbe à sua camareira de ir a um encontro galante para que fique de vigia enquanto sua senhora estiver nos braços de Romeu.

O refluxo de Brecht para a dramaturgia elisabetana explica a escolha de seus admiradores na Europa do após-guerra. Como Planchon em Lyon, Strehler em Milão descobre em Shakespeare um teatro de conteúdo político, de conformidade com a obsessão da história na cultura italiana segundo Croce, mais preocupado que nunca em compreender as razões do fascismo e do comunismo, mas prefere as tragédias romanas, mais próximas de seus espectadores que as peripécias da Guerra das Duas Rosas, recuperando nas comédias os empréstimos aos italianos, do lirismo petrarquizante ao *lazzi* dos bufões da Corte.

"Shakespeare, nosso contemporâneo"

Shakespeare tornou-se assim um autor contemporâneo em uma época em que a Europa se encontra em um período de mutação como no século XVI. Essa preocupação com uma visão deliberadamente modernista anima a interpretação de Jan Kott que decifra a obra de Shakespeare por meio da tripla chave de reflexão sobre a história à luz da Segunda Guerra Mundial e da desestalinização, das profundezas eróticas reveladas por Freud e pelos surrealistas, de uma refração da condição humana através do prisma de Beckett. O "Grande Mecanismo" da história se apresenta como "uma grande escada pelo qual sobe sem cessar um cortejo de reis — cada passo é marcado por assassinatos, por perjúrios ou por traições —, (mas) aproxima-se do trono ou o consolida. A última caminhada não está separada do abismo apenas por um passo". Para Kott, o universo das crônicas é o universo stalinista com os "expurgos" dos conselheiros e a confissão dos "culpados". A polícia política está por trás de cada tapeçaria de Elsinore: despojado de toda a ilusão, sarcástico e brutal, Hamlet não é mais que um ideólogo revoltado, acuado ao golpe de Estado: Kott imagina um encenador explicando a Ofélia como colocar uma caixa de granadas diante de um portão. O Grande Mecanismo contamina o amor que as profundezas do erotismo também espreitam: vítima e engrenagem do Grande Mecanismo, só resta a Ofélia desaparecer. A loucura do desejo na noite de verão conduz a um masoquismo bestial. Uma vez que a história é uma força cega e que Deus está morto, o essencial do *Rei Lear* torna-se uma moralidade sarcástica *à la* Beckett, um *Livro de Jó*, representado por palhaços. Somente o Louco detém a verdade do absurdo. Apesar das reservas que uma visão tão parcial da obra de Shakespeare não podiam deixar de suscitar, essa abordagem impressionante provocou uma renovação de encenações que atravessou fronteiras: Peter Brook inspirou-se nela para fazer triunfar o Rei Lear até na Europa Central.

A interpretação crítica e cênica de Shakespeare, que se tornou "na França tão popular quanto Molière" (J.-L. Barrault) e uma necessidade para todos os espectadores europeus, reflete assim, de alguma maneira, a história do pensamento e da dramaturgia da civilização que a viu nascer.

Capítulo VII

Contatos de Civilizações*

Shakespeare está em casa em todo o mundo anglo-saxão. A América do Norte rivaliza com a Inglaterra na multiplicação dos festivais especializados, de Stratford (Connecticut) e Stratford (Ontário) a Miami, Houston, Phoenix, San Diego, Ashland (Oregon) etc., onde profissionais ou estudantes apresentam ciclos de obras amparados por trabalhos universitários vindos de todas as latitudes. Ele conquistou os países anglo-saxões do hemisfério austral, da Austrália à África do Sul, que o traduziu para o africânder. Mas se no Canadá Shakespeare contribui, nas duas línguas, para o despertar recente de Quebec para avida teatral, permanece nos Estados Unidos o autor branco, tão recusável quanto tudo que é branco, aos olhos de certos extremistas do "Black Power".

* Devemos agradecer, pelas preciosas informações que nos permitiram elaborar este capítulo, ao Sr. Berthe em relação ao México, ao Sr. Verdevoye quanto à Argentina, ao Sr. Akamatsu no tocante ao Japão, à Sra. Loi e ao Sr. Bianco em relação à China, ao Sr. Bencheneb quanto ao mundo árabe, ao Sr. Moniot e ao Sr. Alexandre em relação à África Negra.

Shakespeare na América Latina

A América Latina manteve-se longo tempo como um anexo exótico do espaço cultural ibérico. O teatro quase não existia nas grandes capitais, México, Bogotá, Lima, Santiago, Buenos Aires, Rio, onde *tournées* de atores espanhóis ou portugueses vinham estimular a ação das companhias locais. Beneficiando-se do grande *élan* romântico, tomando seu lugar no interior da onda Victor Hugo e da onda Dumas, graças à personalidade de grandes intérpretes como João Caetano dos Santos, no Rio, *Otelo* encontrou em Buenos Aires (cuja história teatral é a menos mal conhecida) a mesma popularidade que na Espanha durante os doze primeiros anos da ditadura de Rosas, graças à popularidade do grande ator Casacuberta que emigrou em 1842 por razões políticas para o Chile, onde obteve o mesmo sucesso. *Otelo* não reapareceu em Buenos Aires senão a partir de 1847, sob a forma de ópera italiana, participando da moda desse tipo de dramaturgia que monopolizou a cena argentina na metade do século. Shakespeare não era então acessível senão à minoria dirigente, sobretudo de origem européia. Apesar de sua influência sobre escritores como Machado de Assis, no Brasil, o Realismo, de agrado dos intelectuais do fim do século, limitou sua audiência ao público das *tournées* francesas ou italianas, de Sarah Bernhardt e Novelli a J.-L. Berrault e ao Piccolo Teatro de Milano. Mas ele participa acerca de trinta anos de uma renovação do teatro universitário, no México como no Rio, onde o Teatro do Estudante do Brasil, animado pelo diplomata Paschoal Carlos Magno, representou, em 1938, *Romeu e Julieta*. Desde 1950, o Teatro Brasileiro de Comédia, profissional, representou as grandes tragédias (solicitando um novo *Macbeth* ao poeta Manuel Bandeira) antes de passar às peças romanas e às comédias. Shakespeare daí por diante atingiu o Brasil tropical e interior e vê seu futuro assegurado por traduções em curso, sem que isso trave a difusão do teatro contemporâneo europeu ou sul-americano tanto no Brasil como na América Espanhola*. Todavia, ele ainda continua reservado aos que falam uma língua latina, pois segundo parece não foi traduzido em língua ameríndia.

Shakespeare no Mundo Hindu

Na Ásia, Shakespeare só pode ser elemento de uma cultura estrangeira para as velhas civilizações que durante séculos elaboraram sua própria dramaturgia.

A dominação britânica fez com que ele penetrasse na Índia, através de programas universitários: tornou-se assim um germe de aculturação, e numerosos eruditos indianos, de Rentala Venkata Subbarau no início do século XX até S. C. Sen Gupta em nossos dias, contribuíram validamente para pesquisas shakespearianas. No entanto, os jovens escritores nacionalistas admiravam muito mais no fim do século XIX os "realistas" europeus, Dostoievski (*sic*), Ibsen, ou Tchekhov, "novos ídolos", antes do Renascimento, após 1918, do teatro sânscrito clássico e do *kathakali*. Entretanto, o renascimento do bengali na época de Tagore culminara na adaptação para o palco de toda a obra de Shakespeare por Harana Chandra Rakskit já em 1902. Atualmente a Sahitya Academy of India publica uma série de traduções em conexão com shakespearianos ingleses nas principais línguas vernaculares hindus, dravidianas (tâmil, telugu, malayalam) ou indo-européias (hindi, punjabi, oriya), e em urdu para o Paquistão Ocidental, começando pelas grandes tragédias, entre as quais *Otelo* é a mais popular, para um público que o interpreta sobretudo como um conflito de castas. A principal dificuldade continua sendo a enorme diferença entre a dramaturgia elisabetana e as dramaturgias indianas tradicionais, mas ela não é talvez insuperável; Shakespeare

* O caráter destas informações sobre Shakespeare no Brasil naturalmente não rende justiça histórica à difusão da obra deste imenso dramaturgo em nossos palcos. E tanto no século XIX quanto no século XX. Por exemplo, nada se diz aqui da notável interpretação de *Hamlet* por Sérgio Cardoso, dirigido por Hoffmann Harnisch em 1948, no Teatro do Estudante.

A título de acréscimo não se poderia deixar de mencionar a versão de *Romeu e Julieta*, dirigida por Antunes Filho em 1984. (Nota da editora.)

pode tornar-se uma ponte osmótica entre duas civilizações: em Paris, em 1968, Ariane Mnouchkine pôde utilizar o estilo *kathakali* para a pantomima de Píramo e Tisbé de *Sonho de Uma Noite de Verão.*

Shakespeare no Japão

Os xóguns Tokugawa tinham fechado o Japão aos europeus, autorizando apenas aos holandeses uma feitoria estritamente limitada ao comércio. A Revolução de Meiji arrastou Shakespeare em sua esteira, mas primeiro por intermédio dos *Contos Extraídos de Shakespeare* pelos irmãos Lamb: já em 1877, Kyoniku-no Kisho transpunha para o japonês um estranho litígio a propósito de carne de peito sob forma de um conto dialogado. É sempre a partir de Lamb que o Nakamura Sojuro Kabuki utilizou essa mesma intriga de *O Mercador de Veneza* conservando apenas as cenas dos cofrezinhos e do julgamento, fazendo a naturalização das personagens e dos lugares de *O Mundo do Dinheiro na Estação das Cerejeiras em Flor* (1885). Em 1903, os atores do Shimpa, trânsfugas do Kabuki, transferiram para Formosa a ação de *Osero* (*Otelo*), onde a grande atriz Kawakami Sadayako encarnava Tomone, mulher de Muro Washiro, o governador vítima das insinuações de seu lugar-tenente Iya Gozo, mas este era desmascarado a tempo para satisfazer a necessidade de justiça poética do público.

Todavia alguns acadêmicos anglo-saxões chamados para formar universitários japoneses segundo os métodos ocidentais, desde cedo desejaram traduções integrais. Lafcadio Hearn via mesmo semelhanças de conjuntura política entre a Inglaterra elisabetana e o Japão de Meiji. Já em 1883, Kawashima Keizo traduzia diretamente *Júlio César*, cuja ação podia lembrar as perturbações das mudanças de regime. Mas o conjunto das obras não foi traduzido senão no início do século XX por Tsubuchi Shoyo, professor da Universidade Waseda e por isso em contato com a nova burguesia nascente. Romancista, precursor da escola realista, preconizava a supressão da diferença entre a língua literária e a língua falada. Autor dramático, criou o movimento do Novo Teatro, contra o Kabuki e a tendência ocidentalizante, mas fez interessantes paralelos entre a tradição do Kabuki à época de Chikamatsu Monzaemon e a do teatro elisabetano, que se revela assim mais próximo do teatro japonês do que de qualquer outro teatro asiático. Ele retocou suas primeiras traduções (1909-1928) para aproximá-las ainda mais da língua falada. Já em 1911, o Bunguei Kyokai (Associação de Belas-Letras) que ele havia fundado representou versões integrais de *Hamlet* e de *O Mercador de Veneza* no Teatro Imperial de Tóquio, mas logo se desfez sob os ataques convergentes dos adeptos do Kabuki e dos partidários do Teatro Livre que preferiam Ibsen, Strindberg ou Pirandello. No entanto, a fundação do Pequeno Teatro Tsujuki, por Osanai Kaoru em 1924, relançou as representações shakespearianas, interrompidas somente pela guerra de 1939 a 1945, antes de sua difusão em inglês e em japonês quando a ocupação americana acelerou uma certa ocidentalização do país. Hoje, Shakespeare é representado não apenas em japonês pelo Bungakuza, uma das melhores companhias profissionais que apresentou por alguns anos as grandes tragédias, mas também em inglês nas universidades e nas faculdades. Shakespeare tornou-se bastante familiar aos japoneses para que o cineasta Akira Kurosawa transpusesse *Macbeth* para um filme extremamente japonês *Trono Manchado de Sangue*. Como resposta, J.-L. Barrault podia em 1966 construir no Théâtre de France pontes praticáveis ao nível dos espectadores da orquestra, à maneira dos *hashigukari* utilizados pelos atores do Nô, para fazer chegar à cena algumas personagens de *Henrique VI*.

Shakespeare na China

Os costumes elisabetanos pareciam bárbaros em um país longamente submetido a uma etiqueta tradicional, segundo a qual dizer a uma mulher que ela é bela é negar-lhe qualquer outra qualidade e por aí, toda virtude; estendendo a mão a Lady Macbeth, Duncan parecia querer seduzi-la; por seus beijos em público, Romeu e Julieta não podiam parecer senão indecentes; as admoestações de Hamlet à sua mãe feriam todas as conveniências (em uma peça chinesa com tema análogo o filho esperava em silêncio reprovador a morte de sua mãe para matar o amante e se entregar em seguida à justiça. Somente alguns poucos, isoladamente, apreciavam Shakespeare no começo do século XX: por volta de 1910, Heng I-Che, entusiasmado pela cena do balção na ópera de Gounod, extraiu dela uma balada rimada, gênero então muito popular.

A revolução de 1911 arrastou a China para a fase mais ocidentalizante de sua história. N. C. Yu e sua mulher haviam traduzido integralmente *A Tempestade*, mas uma excessiva fidelidade tornou seu trabalho quase ininteligível em chinês. Em 1916, no momento em que se colocava a sucessão de Yuan-Che-Kai, após a retirada temporária de Sun-Yat-Sen, Lin Shu (1852-1924), o principal tradutor de obras ocidentais, em chinês, verteu as obras que colocavam o problema do poder, *Ricardo II, Henrique IV, Henrique VI* e *Júlio César*. Porém, como não conhecia inglês, traduziam-lhe o texto em *pai-hua*, a língua falada, e ele o retraduzia em *wen-yen*, a língua literária clássica. Suas traduções só podiam pois tocar os intelectuais; mas estes o leram com avidez. Mais recentemente, o crítico Liang Shihch'iu, que dirigia o departamento de inglês na Universidade de Pequim desde 1934, verteu em *pai-hua* uma vintena de peças de Shakespeare. Instalado desde 1949 em Taipé (Formosa), publicou de 1953 a 1957 suas traduções acessíveis ao grande público sob o título de *So-Shih-pi-ya* (transcrição de Shakespeare) *ming* (famosas, brilhantes) *chii* (peças).

No Continente, a tradução de Shakespeare continuou até a revolução cultural no quadro da avaliação dos valores do passado pregado em Yenan por Mao, em 1942. *Os Sonetos* desempenharam um papel nos estudos sobre a forma a ser dada à nova poesia, criada em oposição ao *wen-yen* em 1917-1919, a partir do *pai-hua*. Shakespeare está ligado a vários grandes problemas da literatura chinesa moderna, o realismo, a criação da língua nacional pela literatura viva (Shakespeare "criando" o inglês, como Dante, o italiano), a integração do patrimônio internacional no patrimônio chinês. Em 1958, por exemplo, haviam sido representadas em Pequim comédias como *Romeu e Julieta, Muito Barulho em Torno de Nada* e a *Noite de Reis*, cujas heroínas ativas podiam parecer exemplares para a emancipação da mulher chinesa. Com a revolução cultural, Shakespeare ficou englobado no descrédito da cultura ocidental sem que se pudesse dizer se era um desaparecimento definitivo ou um eclipse passageiro de um autor tão admirado por Marx.

Shakespeare e o Mundo Muçulmano

O teatro, no sentido europeu do termo, nasceu no mundo muçulmano com a penetração política, econômica e cultural do Ocidente em meados do século XIX.

Logo após a Guerra da Criméia, em 1860, *Otelo* foi representada em turco em Istambul, segundo uma versão francesa amputada das alusões elisabetanas malévolas aos turcos. *Hamlet* e as obras que se desenvolvem em um quadro mediterrâneo, de *Romeu* ao *Mercador de Veneza,* sempre segundo as versões francesas ou alemãs, exerceram alguma influência sobre as peças de Namik Kemal e as tragédias de Abdullak Hamit Tarhan, criadores de um teatro nacional. Shakespeare beneficiou-se de grandes intérpretes, Kamil Riza em *Otelo,* antes de 1914, e Mushin Ertrugul em *Hamlet,* após 1918, mas participou sobretudo da política de ocidentalização desejada por Ataturk. Desde 1940, Shakespeare, traduzido diretamente do inglês, adquiriu uma enorme popularidade graças ao rádio e às representações universitárias estimuladas pelo aparecimento de shakespearianos turcos, autores de obras originais como o estudo de Mina Urgan sobre os *clowns* elisabetanos, nos quais ela pôde redescobrir um parentesco com a personagem das farsas turcas, *Karagheuz.*

Foi a mesma vontade de modernização que impeliu Arbab Aflatun Keiskorov Chahrukh a traduzir ao persa *O Mercador de Veneza* a fim de inaugurar em 1926 o Jovem Teatro Zoroastriano de Teerã; mas a condição das mulheres iranianas obrigou-o a retomar a tradição elisabetana, distribuindo os papéis femininos a jovens rapazes.

No mundo árabe, o teatro penetrou somente a partir de 1848, de início na Síria, depois sobretudo no Egito, após 1870. Todavia, a influência preponderante da cultura francesa repeliu após a ocupação inglesa de

1882 o contato com Shakespeare, amiúde adaptado, aliás, a partir de versões francesas, porém islamizadas quanto ao enquadramento, às personagens e, às vezes, à dramaturgia: Otelo era Ata Allah na adaptação de Khalil Mutran, representado pela companhia de Al-Qardahi, a primeira a empregar atrizes judias ou coptas; para agradar a um público ávido por música, Al Haddad fazia Romeu cantar nos *Mártires do Amor.* Quando apareceram as atrizes muçulmanas, a ocidentalização conduziu, após 1920, a traduções literárias como a de *O Mercador de Veneza* por Khalil Mutran. Em 1954, querendo dar ao povo árabe acesso à cultura universal, o poeta Taha Husayn participou da tradução integral de *Romeu* e *Noite de Reis,* encetada sob sua direção na qualidade de ministro da Cultura. As *troupes* egípcias difundiram essas traduções por todo o mundo árabe, salvo na Arábia Saudita e no Iêmen, demasiado rigoristas para aceitar o teatro ignorado pelo Corão. Na África do Norte, onde companhias francesas haviam representado algumas peças na Argélia, Kaddur Fatal traduziu *Hamlet* em árabe dialetal já em 1952. Hoje, Shakespeare faz parte do patrimônio cultural dos intelectuais árabes e partilha sobretudo com Molière o papel de modelo para os dramaturgos locais: o egípcio Chauqui renovou a *Queda de Cleópatra,* a guerra contra Israel assegurou o sucesso do *Novo Shylock* do sírio Bakhtir (ao mesmo tempo em que Shakespeare é tão representado em Israel quanto na maior parte dos países europeus); para dar à Tunísia um teatro histórico, Habib Bulares lembrou-se de *Ricardo III* para seu *Murad III.*

Shakespeare e a África Negra

Tanto quanto no mundo muçulmano, a penetração de Shakespeare chocou-se na África Negra com tradições culturais que o tornavam incompreensível à maioria dos africanos. Nenhuma mulher negra teria podido agir como as heroínas das comédias romanescas: impermeáveis ao amor cortesão tal como o apresenta por exemplo *O Mercador de Veneza,* os africanos apreciam muito mais a domesticação de Kate em *A Megera Domada;* D. S. Baker, que ensinou literatura inglesa em Gana, montando as obras de Shakespeare, relata que se as estudantes puderam se sentir interessadas por um certo apelo à emancipação feminina nas comédias, mascaravam suas reações, sem dúvida positivas, em presença dos homens. Em compensação, na África, as histórias e as tragédias são muito mais fáceis de compreender; o sistema tribal não é fundamentalmente estranho às relações teocósmicas elisabetanas, e a rivalidade dos Lancasters e dos Yorks pôde lembrar a muitos as intermináveis guerras tribais. Todavia, o público africano reage freqüentemente ao contrário de um público europeu; *Ricardo III* é admirado porque alia uma energia quase sobrenatural a uma coragem física inegável; a gordura de Falstaff não dá motivos a riso porque ela não é compreendida senão como um símbolo de propriedade. As peças romanas devem sua popularidade à sua dialética verbal: representado em Gana em trajes africanos, *Júlio César* obteve um vivo êxito graças ao "Grande Discurso" do Fórum, onde a sutileza da oração de Antônio vira a multidão ainda há pouco favorável a Brutus. A partilha política da África no século XX explica facilmente o maior público nos países de fala inglesa: no Quênia os festivais shakespearianos de Nairobi atraíram desde a Segunda Guerra Mundial uma elite intelectual multirracial.

Mas Shakespeare começa a ser traduzido nas línguas vernaculares. Desde 1953, as *troupes* zulus, reunindo professores, estudantes e empregados, representaram, nas traduções de K. E. Masenga, o *Rei Lear, Hamlet, O Mercador de Veneza, A Tempestade, A Comédia dos Erros, Júlio César,* onde encontravam equivalências aos exemplos de coragem e de lealdade do folclore zulu. A tradução de Júlio César em suaili pelo presidente Nyerere, da Tanzânia, em 1966, pôde encetar a conquista da África Central de língua não-inglesa como conseqüência da extensão de uma das maiores línguas africanas. Ela segue de muito perto o texto inglês, se bem que as passagens em prosa dos *clowns* não sejam muito bem traduzidas. A adaptação de *Júlio César* em *kirio,* de Serra Leoa, por Eldred Jones, autor de um estudo sobre os africanos no teatro elisabetano (*Othello's Countrymen,* 1965) tem a originalidade de conduzir os espectadores a representar espontaneamente o papel da multidão romana no ato III. Ao contrário, Shakespeare é quase desconhecido na África de fala francesa onde o teatro, profissional ou amador, é sensivelmente menos desenvolvido.

SEGUNDA PARTE:

ELEMENTOS DO DOSSIÊ E ESTADO DA QUESTÃO

DOCUMENTOS

1. 1603 — Patente real que consagra o novo estatuto da companhia do Lorde Chamberlain.
2. Os teatros de Londres.
3. Os espectadores.
4. Os espectadores vistos por um puritano.
5. A variação das receitas elisabetanas segundo o *Jornal de Henslowe.*
6. A ordem hierárquica do universo.
7. A necessidade de uma ordem hierarquizada.
8. Um "maquiavel", o mouro Aaron de *Titus Andronicus.*
9. Shakespeare, patriota elisabetano.
10. Shakespeare compreende o patriotismo francês.
11. A recusa da autoridade pontifical.
12. As servidões da coroa.
13. Os riscos do grande comércio.
14. O amor é uma loucura.
15. O amor aperfeiçoa o homem.
16. O amor ridiculariza o homem.
17. Um judeu é um homem.

18. O perdão é virtude divina.

19. O homem é contradição.

20. Duas opiniões sobre astrologia na mesma cena do *Rei Lear*.

21. As primeiras alusões a Shakespeare.

22. A homenagem de Ben Jonson a Shakespeare.

23. Pope descobre a originalidade de Shakespeare.

24. As dúvidas de Voltaire.

25. A renegação de Voltaire.

26. Imitemos de preferência Shakespeare (Lessing).

27. Goethe e Shakespeare.

28. O entusiasmo de um romântico (A. Dumas).

29. Shakespeare, herói europeu (Carlyle).

30. Shakespeare na Rússia (Turgueniev).

31. O Teatro da Crueldade (Lautréamont).

32. Hamlet, homem dionisíaco (Nietzsche).

33. O realismo imperfeito de Shakespeare (G. B. Shaw).

34. O lapso de Pórcia (Freud).

35. Hamlet visto por Brecht.

36. O repertório socialista (A. Blok).

37. Os loucos de Shakespeare (M. Foucault).

38. Shakespeare é uma necessidade para os franceses (J.-L. Barrault).

Documento 1: 1603

PATENTE REAL QUE CONSAGRA O NOVO ESTATUTO DA COMPANHIA DO LORDE CHAMBELLAN

Nós... damos licença e autorização a nossos servidores, adiante designados, Laurent Fletcher, William Shakespeare, Richard Burbage, Augustin Phillips, John Heminge, Henry Condell, William Sly, Robert Armin, Richard Cowley, e seus demais associados, de praticar e exercer livremente a arte e faculdade de representar comédias, tragédias, histórias, interlúdios, moralidades, pastorais, peças de teatro (*stage-plays*) e outros similares, que já aprenderam ou que em seguida aprenderão e ensinarão, tanto para recreação de nossos afeiçoados súditos quanto para nossa distração e prazer, quando havermos por bem assisti-los em nossas horas de divertimento.

Martin Maurice, *Master William Shakespeare*, p. 45.

Documento 2:

OS TEATROS DE LONDRES

Há em Londres quatro anfiteatros de uma beleza notável... Os dois mais suntuosos estão situados ao sul, além do Tâmisa, e conforme as tabuletas suspensas acima deles são chamados a Rosa e o Cisne. Os dois outros estão fora da cidade em direção ao norte. Há ainda um quinto, mas de estrutura diferente, consagrado aos combates de animais... De todos os teatros, entretanto, o maior e o mais suntuoso é aquele em cuja tabuleta está o Cisne, denominado na língua do país The Swan Theatre, pois está em condições de acolher em seus assentos três mil pessoas.

Arend van Buchell (1596), citado por Harbage, *Shakespeare's Audience,* p. 21.

Documento 3:

OS ESPECTADORES

Entre numerosas distrações, os ingleses passam seu tempo informando-se no teatro o que acontece no estrangeiro; é mesmo todo um povo de homens e mulheres que vai a esses lugares sem escrúpulos, pois os ingleses em sua maioria não viajam muito, mas preferem informar-se sobre as coisas estrangeiras e gozar seus prazeres em casa.

Thomas Platter, *Voyages en Anglaterre,* 1599, citado por Harbage, *op. cit.,* p. 78.

Esses teatros são freqüentados por inúmeras damas respeitáveis e graciosas, que vêm sem constrangimento sentar-se entre homens sem a mais leve hesitação.

O. P. Busino, "Jornais e despachos da embaixada veneziana na corte de James I", 1617, Harbage, *op. cit.,* p. 78.

Documento 4:

OS ESPECTADORES VISTOS POR UM PURITANO

Quem quer que visite a capela de Satã, quero dizer, o Teatro, lá não encontrará nem a ausência de jovens debochados, nem penúria de prostitutas inteiramente desprovidas de qualquer vergonha; eles se apertam na primeira fila diante do estrado, para acabar expondo seu impudor, e ser um objeto aos olhos dos homens. Sim, tal é seu comportamento, abertamente destituído de vergonha, que cada homem pode perceber por suas atitudes lascivas em direção àqueles nos quais estão interessados, sim, eles parecem estar aí como em uma casa de devassidão. Porque, freqüentemente, sem respeito para com o lugar nem para com a companhia que os cerca, eles cometem abertamente essas imundas obscenidades, que são horríveis de cometer até em segredo como se, o que quer que façam, tenha justificativa.

"Segunda Imprecação de Condenação das Peças e dos Teatros" (1580). Harbage, *op. cit.*, p. 98.

Documento 5:

A VARIAÇÃO DAS RECEITAS ELISABETANAS SEGUNDO O JORNAL DE HENSLOWE

	Dias da semana		*Dias de festa*
54/6	1.ª representação	61/3	2.º dia após o Natal.
31/5	segunda-feira	59/6	segunda-feira de Pentecostes.
29/2	terça-feira	59	terça-feira de Pentecostes.
27/8	sexta-feira	56/9	dia seguinte ao Natal.
27/5	quinta-feira	53/9	Epifania.
25/5	quarta-feira	52/7	1.º dia do ano.
21/9	sábado	50	3.º dia após o Natal.
20/1	último dia do mês	49/9	quarta-feira de Pentecostes.
		48/9	terça-feira de Páscoa.
		48/9	quarta-feira de Páscoa.
		46/4	Todos os Santos.
		44/4	quarta-feira de Cinzas.
		43/4	1.º de maio.
		42/3	segunda-feira de Páscoa.
		41	terça-feira gorda.

Receitas calculadas em *shillings* e *pence;*

— sobre a média de junho de 1594 a julho de 1596 para os dias da semana.

— sobre a média de 3 a 5 anos para os dias de festa. Segundo Harbage, *op. cit.*, pp. 174-175.

Documento 6:

A ORDEM HIERÁRQUICA DO UNIVERSO

Deus Todo-Poderoso criou e determinou todas as coisas, no céu, sobre a terra e nas águas, em uma ordem excelentíssima em sua perfeição. No céu determinou as categorias e ordens distintas entre os anjos e os arcanjos. Sobre a terra, designou reis e príncipes, com outros governantes acima deles, tudo conforme uma ordem justa e necessária. A água do alto é mantida e cai como chuva no tempo e na estação conveniente. O sol, a lua, o arco-íris, o trovão, o relâmpago, as nuvens, e todos os pássaros dos ares mantêm a sua ordem. A terra, as árvores, os grãos, as plantas, as ervas, o trigo e as pastagens, e toda espécie de animais mantêm sua ordem. Todas as partes do ano inteiro, inverno e verão, meses, noites e dias, perseveram em sua ordem. Todas as espécies de peixes no mar, os rios e as águas, com todas as fontes e nascentes, e em verdade os próprios mares, mantêm seu curso e sua ordem, como convém.

E o homem, ele mesmo, também tem todas as suas partes, ao mesmo tempo, por dentro e por fora, alma, coração, espírito, memória, inteligência, razão, palavra com todos os membros de seu corpo em suas propriedades físicas segundo uma ordem proveitosa, necessária e satisfatória. Cada condição do povo, em sua vocação, sua condição e seu lugar, aí encontra prescritos seu dever e sua ordem. Uns, de condição elevada, outros de baixa condição; uns, reis e príncipes, outros, inferiores e súditos, padres e leigos, mestres e servidores, pais e filhos, maridos e esposas, cada um tem necessidade do outro para que em todas as coisas seja louvada e cantada a boa ordem de Deus, sem a qual, nem casa, nem cidade, nem Estado poderiam continuar a subsistir. Pois onde não há de modo algum ordem justa, reinam todos os abusos, a licenciosidade da carne, a anomalia, o pecado, e a confusão da Babilônia. Afastai reis, príncipes, legisladores, magistrados, juízes e determinados estados da ordem de Deus, e nenhum homem poderá cavalgar ou caminhar pela grande estrada sem ser furtado, nenhum homem poderá dormir em sua própria casa ou seu próprio leito sem ser morto, nenhum homem poderá conservar sua mulher, seus filhos e seus bens em toda a quietude, todas as coisas serão colocadas em comum, e daí se seguirão necessariamente todas as desgraças e destruição completa, tanto dos corpos e das almas, quanto dos bens e das situações.

Sermão sobre a obediência (10.ª homilia de 1547), M. M. Reese, *The Cease of Majesty*, pp. 37-38.

Documento 7:

A NECESSIDADE DE UMA ORDEM HIERARQUIZADA

Deixou-se de respeitar
As regras do governo; senão vêde:
Sobre esta planície, ora inflam-se tendas gregas,
Como, ao mesmo tempo, ocas facções.
Quando o geral não é como a colméia
Aonde todos os forrageadores voltam
Que mel se pode esperar? Se a hierarquia fica embuçada
O mais vil sob sua máscara, aparece também como nobre,
Os céus mesmo este globo no centro, e os planetas
Observam precedência, categoria e posição,
Fixidez, direções, relações, estações e formas,
Costumes, funções e toda ordem prescrita;
É porque o glorioso sol domina em sua esfera,
Nobremente exaltado, entre os outros astros,
Ele cujo olhar benfazejo corrige a influência
De qualquer astro contrário, e promove sem obstáculo,
Como o comando do rei, bens e males.
Mas se os astros, nessa funesta desordem,

Erram de lá para cá, como fatores de desordem,
Que ameaças, que flagelos, que discórdias,
Que tormentas no mar, que tremores de terra,
Que furacões, que agitações, que terrores
Subvertem, varrem, dilaceram, desarraigam
A unidade, a tranqüila harmonia dos Estados!
Oh! Quando a hierarquia vem a ser abalada,
Escala segundo a qual todo grande desígnio se ordena,
A empresa enlanguesce. Como as sociedades,
As confrarias, as distinções acadêmicas,
O pacífico comércio entre duas longitudes,
Os direitos de primogenitura e de nascimento,
Os privilégios concedidos à velhice,
Assim como à coroa, ao cetro, aos lauréis,
Poderiam eles, sem a hierarquia, manter-se?
Rompei a hierarquia, distendei essa corda,
Imediatamente que dissonância! Tudo se choca,
Tudo se combate: as águas antes contidas
Alteiam o peito sobre as margens
E deste globo sólido fazem uma papa.
A força é rainha agora sobre a fraqueza
E o filho desenfreado bate em seu pai até matá-lo;
Violência é lei; melhor: o lícito e o ilícito,
Cuja justiça preside ao eterno combate,
Perdem o nome e a Justiça igualmente
Sobre a qual tudo se resolve em poder, o poder
Em querer, o querer então em cobiça
E o dito apetite, esse lobo universal,
Duplamente secundado pelo querer e poder,
Faz necessariamente do universo sua presa,
Depois ele mesmo enfim se devora. Eis pois,
O grande Agamênanon, o caos que sucede
À hierarquia estrangulada.
E é pelo fato de ela ser violada que qualquer pessoa que
Quer subir a escada, ao contrário aí decai:
O general é desprezado por aquele
Que está logo abaixo dele; que por sua vez
É desdenhado por seu inferior imediato,
E este pelo outro mais abaixo; e logo cada grau
Segundo o exemplo do primeiro que sente inveja
De seu superior, contraiu a febre
Do lívido, do exangue ciúme!

Discurso de Ulisses em *Troilus e Cressida*, 1,3, 78-134 (trad. da trad. de P. Leyris).

Documento 8:

UM "MAQUIAVEL", O MOURO AARON DE TITUS ANDRONICUS

Agora mesmo, eu vitupero os dias — é verdade
que não encontro quase nada a vituperar —,
em que eu não tenha cometido um notável delito

Tal como matar ou, pelo menos, maquinar uma morte,
Cometer uma violação, ou então preparar seu sucesso,
Acusar algum inocente e cometer perjúrio,
Colocar entre dois amigos um ódio mortal,
Enlouquecer o rebanho dos pobres, que ele se mate,
Pôr fogo, à noite, às granjas e às mós,
Convidando seus proprietários a extingui-lo com suas lágrimas.
Freqüentemente desenterrei mortos e os coloquei
De pé, à soleira da porta de seus melhores amigos —
O luto então estando já quase esquecido —
E sobre suas peles, como sobre uma casca de árvore,
Gravei com minha faca estas palavras em letras latinas:
"Eu estou morto, mas que vosso luto não morra nunca".
Bah, eu fiz milhares de abomináveis coisas
Tão facilmente como se mata uma mosca,
E certamente nada me aflige tanto como a idéia
De dez mil outras que não pude cometer.

Titus Andronicus, V, 1, v. 125-144 (trad. da trad. de H. Thomas).

Documento 9:

SHAKESPEARE, PATRIOTA ELISABETANO

Este nobre trono de reis, esta ilha regida por cetro,
Esta terra de majestade, este sítio de Marte,
Este outro Éden, este quase Paraíso,
Esta fortaleza que a natureza edificou para si própria
Contra a pestilência e a influência da guerra,
Esta feliz raça de homens, este pequeno universo,
Esta pedra preciosa engastada em um argentino mar
Que a protege como uma muralha
Ou que é como um fosso a defender uma casa
Contra o ódio maligno de terras menos afortunadas...
Este solo abençoado, este real torrão, esta Inglaterra.

Monólogo de John de Gaunt, *Ricardo II*, II, 1, 40-50 (trad. da trad. de P. Leyris).

Documento 10:

SHAKESPEARE COMPREENDE O PATRIOTISMO FRANCÊS

Olha teu país, a fértil França,
Suas cidades, suas aldeias, vê desfiguradas
Pela destruição de um cruel inimigo,
Olha-a como uma mãe a seu filho pequenino
Quando a morte vem fechar seus olhos doces que se extinguem.
Vê o mal do langor que definha a França,
Vê suas feridas, suas monstruosas feridas
Que tu mesmo fizeste em seu dolorido seio.
Oh volta, volta para outro lado tua espada aguçada.
Fere quem a magoa, não magoe quem a ajuda.

Uma gota de sangue que corra no seio de tua pátria
Deveria te entristecer mais do que te causar estranheza se escorre.
Volta portanto sobre teus passos como uma onda de lágrimas
Para apagar as máculas da tua pátria!

Discurso de Joana d'Arc ao Duque de Borgonha, *Henrique VI*, III, 3, 44-57 (trad. da trad. de G. Garampon).

Documento 11:

A RECUSA DA AUTORIDADE PONTIFICAL

Que nome na Terra pode submeter a interrogatórios o livre sopro de um Rei sagrado? Tu não podeis, cardeal, inventar um nome tão medíocre, indigno e ridículo para me intimar a uma resposta, como o do Papa: ide contar-lhe isso, e da parte do rei da Inglaterra acrescentareis ainda isto: nenhum padre italiano cobrará dízimos ou qualquer outro imposto em meus domínios e que nós, abaixo de Deus, o chefe supremo, entendemos deter somente abaixo d'Ele essa grande supremacia por todo o mundo onde reinamos, sem o auxílio de nenhuma mão mortal. Dizei ao Papa, sem o maior respeito por ele e sua usurpadora autoridade... ainda que vós e todos os reis da cristandade vos deixeis tão grosseiramente conduzir por esse padre intrigante sob o terror de uma maldição que o dinheiro pode resgatar, ainda que pela graça do ouro vil, escória e pó, vós compraríeis o perdão venal de um homem que, nesse tráfico, não vende senão a si próprio, enquanto vós e todos os que são conduzidos assim grosseiramente adulam com rendimentos esta bruxaria de palhaços, serei eu, sozinho, o único a resistir ao Papa e considero seus amigos meus inimigos.

Rei João, III, 1, 150-171 (trad. da trad. de Henri Evans).

Documento 12:

AS SERVIDÕES DA COROA

O Rei Henrique,

Nesse caso, quando um filho enviado por seu pai em busca de mercadorias morre no mar em estado de pecado, suas faltas segundo vossa regra deveriam ser imputadas ao pai que o enviou; ou se um servidor que transporta uma soma em dinheiro sob ordens de seu amo, assaltado por ladrões, é morto carregado de inúmeras iniqüidades, vós faríeis dos assuntos do amo a causa da danação do servidor. Mas não é assim: o rei não tem de responder pelo fim particular de seus soldados, nem o pai pelo do filho, nem o amo pelo do seu servidor, porque eles não desejavam essa morte ao lhe dar o serviço. E mais: não há um rei, por mais imaculada que seja sua causa que, ao ser submetido à arbitragem das armas, possa sustentá-la com soldados totalmente irrepreensíveis; alguns, talvez, carreguem a falta de um assassinato premeditado e perpetrado; outros, de ter enganado virgens rasgando o selo do perjúrio; outros, de ter feito da guerra sua muralha de defesa, enquanto ensangüentavam o tenro seio da paz pela violação e pilhagem. Ora, se tais homens iludiram a lei e se fugiram ao castigo de seu país, se eles podem escapar à perseguição dos homens, eles não têm asas para se esconder de Deus. A guerra é o aviso de Deus, ela é a vingança de Deus. De modo que, por ter outrora enfrentado as leis do Rei, os homens são castigados, então na querela do Rei, e se eles temeram a morte, eles tiveram a vida salva; se eles se acreditaram salvos, eles morrem sem estar preparados; o Rei não é mais responsável pela sua danação como o era outrora pelos crimes ímpios, pelos quais eles são hoje abatidos. Os serviços de cada súdito pertencem ao Rei, mas a alma de cada súdito é seu bem particular. Também na guerra, cada soldado deveria agir como o doente em seu leito e lavar sua consciência da menor impureza. Nessas condições a morte lhes será vantajosa, mas ainda que não venha a morrer em combate, devem abençoar o tempo perdido na aquisição desses preparativos, não constituindo pecado para quem vir a escapar nessas condições, e imaginar que, tendo feito a Deus a oferta voluntária da vida, Deus a conservasse nesse dia, para que ele desse testemunho de sua grandeza e ensinasse aos outros como devem preparar-se para a morte.

Henrique V, IV, 138-173 (trad. da trad. S. Monod).

Documento 13:

OS RISCOS DO GRANDE COMÉRCIO

Há um galeão a caminho de Trípoli; outro, para as Índias. Ouvi falar também, no Rialto, que há um terceiro na rota para o México; um quarto em direção à Inglaterra e outros ainda espalhados por longínquas regiões. Mas os navios não passam de tábuas e os marinheiros, de homens — há os ratos da terra e os ratos d'água, ladrões na terra e ladrões no mar — os piratas, quero dizer — e depois, há o perigo das águas, dos ventos e dos recifes.

O Mercador de Veneza, I, 3, 15-22 (trad. da trad. de J. Grosjean).

Documento 14:

O AMOR É UMA LOUCURA

Os amantes e os loucos têm os cérebros tão efervescentes, a fantasia tão inventiva que percebem muito mais coisas do que a fria razão pode compreender. O louco, o amante e o poeta estão recheados de imaginação: um vê mais demônios do que o vasto inferno pode conter, e este é o louco. O amante, tão louco como ele, descobre a beleza de Helena na fronte de uma trigueira. É o olho do poeta que, rolando num formoso delírio, viaja do céu à terra e da terra ao céu. E como a imaginação dá corpo às coisas desconhecidas, a pena do poeta metamorfoseia e concede a um nada no ar uma permanência e um nome.

Sonho de uma Noite de Verão, V, 4-17 (trad. da trad. J. Supervielle).

Documento 15:

O AMOR APERFEIÇOA O HOMEM

Mas o amor, a princípio preso nos olhos de uma mulher, não fica solitário e murado no cérebro; colocando em movimento todos os elementos, ele circula tão rápido como o pensamento em cada uma de nossas faculdades e lhes dá um poder duplo que as conduz além de sua função e de seu destino. Ele concede ao olho uma preciosa segunda visão. Os olhos de um amante cegariam com seu brilho os de uma águia; os ouvidos de um amante podem perceber o mais fraco som que escaparia ao lagarto receoso. O toque do amor é mais delicado e mais sensível que os tenros cornos de um caracol. Comparado à do amor, a linguagem refinada de Baco parece grosseria. Quanto à coragem, o amor não é um Hércules, sempre pronto a trepar nas árvores das Hespérides? Sutil como a esfinge, suave e musical como o esplêndido alaúde de Apolo, cujas cordas são feitas de seus cabelos. E quando fala o amor, a voz de todos os deuses embala o céu com acordes harmoniosos. Jamais o poeta ousou pegar da pena sem que seu tinteiro estivesse impregnado de suspiros de amor.

Trabalhos de Amor Perdidos, IV, 3, 323-343 (trad. da trad. J.-L. Supervielle).

Documento 16:

O AMOR RIDICULARIZA O HOMEM

Valentin,

Ora vejam só, como sabes que estou enamorado?

Preste,

Por Deus, graças a estas marcas particulares: primeiro, como o senhor Proteu, aprendestes a cruzar os braços como um descontente; a saborear uma canção de amor como um rouxinolzinho; a deambular só com um empesteado; a suspirar como um escolar que esqueceu o seu ABC; a chorar como criancinha que voltou do enterro de sua vovó; a jejuar, como alguém que segue uma dieta; a vigiar, como alguém que tem medo de ladrões; a gemer quando falar, como um mendigo em Todos os Santos. Vosso jeito ao rir era igual ao cantar de um galo; vosso andar era igual ao de um leão; vosso jejum era somente após o jantar; vosso abatimento era por falta de ducados: e agora, eis que estais metamorfoseado em senhora dona-de-casa, que em vos olhando, mal consigo acreditar que sois meu amo.

Os Dois Nobres de Verona, II, 1, 17-29 (trad. da trad. A. Tavera).

Documento 17:

UM JUDEU É UM HOMEM

Eu sou um judeu... Um judeu não tem olhos? Um judeu não tem mãos, órgãos, dimensões, sentidos, emoções, paixões? Não é alimentado pelos mesmos alimentos, ferido pelas mesmas armas, sujeito às mesmas doenças, curado pelos mesmos meios, aquecido e esfriado pelo mesmo verão e o mesmo inverno, que um cristão? Se nos picais não sangramos? Se nos fazeis cócegas não rimos? Se nos envenenais não morremos? E se nos ultrajais não nos vingamos? Se nós nos parecemos quanto ao resto, não nos parecemos também nisso?... Se um judeu ultraja um cristão, onde está a humanidade deste? Na vingança. Se um cristão ultraja um judeu, onde está a paciência deste último, segundo o exemplo cristão? Pois bem, na vingança. A vilania que me ensinais eu a praticarei e será difícil, mas eu quero superar meus mestres.

O Mercador de Veneza, III, 1, 48-61 (trad. da trad. de J. Grosjean).

Documento 18:

O PERDÃO É VIRTUDE DIVINA

A qualidade da clemência é que não seja forçada,
cai como a doce chuva do céu
sobre o chão que está por baixo dela:
é duas vezes bendita;
bendiz ao que a concede e ao que a recebe.
É o que há de mais poderoso, no que é todo-poderoso, e assenta
melhor do que a coroa do monarca assentado no trono,
porque o cetro bem pode mostrar a força do poder temporal,
é um atributo da majestade e do respeito
que faz tremer e temer os reis:
porém, a clemência está acima da autoridade do cetro,
tem seu trono nos corações dos reis,
é um atributo do próprio Deus;
E o poder terrestre se aproxima tanto quanto possível do poder de Deus,
quando a Clemência adoça a justiça.

O Mercador de Veneza, IV, 1, 181-194 (trad. da trad. de Jean Grosjean).

Documento 19:

O HOMEM É CONTRADIÇÃO

Que obra-prima é o homem! Como ele é nobre em sua razão, infinito em suas faculdades, seus movimentos, sua face, como ele é resoluto em seus atos, angélico em seus pensamentos, como ele se assemelha a um deus! A maravilha do universo, modelo de tudo que vive! Entretanto, o que vale aos meus olhos esta quintessência de pó?

Hamlet, II, 2, 295-300 (trad. da trad. Yves Bonnefoy).

Documento 20:

DUAS OPINIÕES SOBRE A ASTROLOGIA NA MESMA CENA DO REI LEAR

Gloucester,

Esses recentes eclipses do sol e da lua não pressagiam nada de bom. A ciência da natureza em vão tenta explicar tanto um como outro, e a própria natureza não se aflige menos por suas conseqüências. O amor enlanguesce, as amizades se afastam, os irmãos se desunem. Há revoltas nas cidades, a discórdia está no país, a traição, no palácio, e entre o pai e o filho, os liames naturais se rompem. Esse patife que eu engendrei vem confirmar o presságio: é o filho que se ergue contra o pai; o rei se afasta das inclinações instintivas: é o pai contra o filho. Já vimos o melhor de nosso tempo. Maquinações, perfídias, traições, todas as desordens devastadoras vão sem trégua agora nos seguir até a tumba.

I, 2, 96-106

Edmundo,

Aí está a loucura suprema do universo: quando nossa sorte se demonstra má, e freqüentemente pelo triste efeito de nossa própria conduta, culpamos, por nossos desastres, o sol, a lua, as estrelas, como se fôssemos patifes por fatalidade, animais por força celeste, ladrões e pérfidos por culpa de um signo que nos governa, bêbados, mentirosos e adúlteros por docilidade forçada a um ascendente de algum planeta e, em uma palavra, jamais derivada para o mal, a não ser que um deus nos conduza. Que admirável álibi para esse mestre rufião, que é o homem, de colocar seu temperamento de bode expiatório sob a responsabilidade de uma estrela. Meu pai copula com minha mãe debaixo da Cauda do Dragão, e meu nascimento acontece sob a Ursa Maior, de onde se segue que sou um dissoluto e um urso mal-educado. Mas, pelo pé de Cristo! eu teria sido isto que sou se a mais virginal estrela do firmamento tivesse cintilado sobre a minha concepção de bastardo...

I, 2, 110-123 (trad. da trad. Bonnefoy, *Mercure de France,* 1965, pp. 33-34).

Documento 21:

AS PRIMEIRAS ALUSÕES A SHAKESPEARE

Almas baixas, todos os três, se minha desgraça não vos serve de advertência. Pois em nenhum de vós essas tinhas procuraram colar-se tanto quanto em mim — quero dizer, essas marionetes que falam por nossa boca, esses bufões fantasiados com nossas cores. Não é estranho que eu, com quem todos eles têm obrigações, eu tenha sido abandonado por eles? Não é plausível que vós, com quem todos eles têm obrigações, seríeis imediatamente abandonados por eles se estivésseis na situação em que me encontro? Sim, não confieis neles: porque há uma gralha afortunada, embelezada com nossas plumas que com seu "coração de tigre enclausurado sob uma pele de ator", imagina ser tão capaz de empolar (*bombast out*) um verso branco como o melhor dentre vós e, não sendo senão um puro *Johannes fac totum,* pensa ser o único *shake scene* ("que agita tablados") de um país. Oh, se eu pudesse persuadir vossos raros espíritos de se empregar mais proveitosamente! Que esses macacos imitem vossa excelência passada, mas não os coloqueis nunca ao corrente de vossas admiráveis invenções. Eu sei que o melhor homem de negócios dentre vós não será jamais um usurário, assim como o mais negociante dentre vós não será jamais uma terna nutriz. Todavia, tanto quanto puderdes, procurai melhores mestres. Pois é uma grande pena que homens de tão raro talento se submetam ao bel-prazer de pajens tão grosseiros.

Contém a paródia de um verso de III *Henrique VI*
1592 — Robert Greene (*Groatsworth of Wit*), citado por Martin Maurice, *op. cit.*, p. 28.

Documento 22:

A HOMENAGEM DE BEN JONSON A SHAKESPEARE (No início do Primeiro Fólio, de 1623)

...Alma de teu século!
Aplauso, delícia, maravilha da Cena!
Meu Shakespeare, levanta-te! Eu não quero te alojar
Ao lado de Chaucer ou de Spenser, nem pedir a Beaumont
Para se afastar um pouco a fim de te dar lugar.
O monumento, és tu — mas fora da tumba;
E tu vives para sempre, tanto quanto como teu livro vive,
Enquanto pudermos ler e pudermos admirar.
Para não te misturar a outros, tenho minhas razões:
Tuas musas foram grandes, mas não à tua altura.
E se eu pensei que a minha sentença pudesse desafiar os anos,
É com teus pares que eu ousaria te equiparar.
Eu direi o quanto ultrapassas em brilho (*out-shine*) nosso
Lily
Ou Kyd, o extravagante, ou o poderoso verso de Marlowe,
E apesar de teres conhecido pouco de latim e menos de grego,

Entre os antigos, para te honrar, eu não deixaria de citar
Nomes: é o trovejante Ésquilo,
É Eurípedes, e Sófocles,
É Pacuvo, Ácios, e o de Córdoba [Sêneca]
Que eu chamaria à vida, para ouvir teu coturno pisar
E agitar o palco (*shake a stage*); ou quando calçares os socos,
Ah, tu poderias sustentar a comparação
Com tudo o que a Grécia orgulhosa ou Roma, a altaneira,
Produziram, ou que, depois, nasceu de suas cinzas
Triunfa, minha Bretanha! Tu podes mostrar aquele
A quem todos os palcos da Europa devem homenagem.
Ele não pertence a um século: ele é de todos os tempos!

(Versos 17-43.)

Doce cisne de Avon! Que espetáculo seria
Ver-te ainda aparecer em nossas águas,
E empreender, às margens o Tâmisa, esses vôos
Que tanto arrebataram Elizabeth e nosso James!
Mas alto! Eu te vejo no firmamento
Avançar, e tornar-se constelação lá no alto.
Brilha, pois, ó Estrela dos Poetas, e que tua cólera
Fustigue, que tua influência anime o palco declinante,
Que, depois de tua partida aqui debaixo, tomou o luto como noite,
E desespera pelo dia (*rait*), e não fosse a luz de teu Livro.

(Versos 71-80)

Martin Maurice, *op. cit.*, pp. 100-101.

Documento 23:

POPE DESCOBRE A ORIGINALIDADE DE SHAKESPEARE

Se alguma vez um autor mereceu o título de original esse foi Shakespeare. O próprio Homero não extraiu sua arte tão imediatamente das fontes da natureza... A poesia de Shakespeare era inspiração; em verdade ele é menos um imitador do que um instrumento da natureza; e não é tão justo dizer que ele tira dela suas palavras, quanto dizer que ela fala por sua voz.

Cada personagem de Shakespeare é tanto um indivíduo como os da própria vida; é igualmente impossível encontrar nele dois iguais; e aquelas que por relação ou afinidade de qualquer espécie aparecem mais como gêmeos, serão descobertos na comparação que são notavelmente distintos. À vida e à variedade das personagens cumpre acrescentar como ele as sustenta, a tal ponto que, se em todas as suas peças, que todas as réplicas tivessem sido impressas sem o nome das personagens, creio que se poderia atribuir-lhes, com certeza, o papel que lhes concerne.

Pope, *Prefácio à Edição de 1725*, citado em J.-J. Mayoux, *Shakespeare*, Seghers, p. 150.

Documento 24:

AS DÚVIDAS DE VOLTAIRE

Os ingleses tinham já um teatro assim como os espanhóis, quando os franceses não tinham senão tablados. Shakespeare, que os ingleses tomam por um Sófocles, floresceu aproximadamente à época de Lope de Vega; ele criou um teatro; ele era um gênio cheio de força e fecundidade, de naturalidade e de sublimidade, sem a mínima faísca de bom gosto sem o mínimo conhecimento das regras. Eu vou dizer-vos uma coisa arriscada, mas verdadeira, é que o mérito desse autor perdeu o teatro inglês; ele tem tão belas cenas, trechos tão grandes e tão terríveis, espalhados por suas farsas monstruosas que se chamam tragédias, que suas peças sempre foram representadas com grande sucesso. O tempo, o único que faz a reputação dos homens torna ao final seus defeitos respeitáveis. A maior parte das idéias bizarras e gigantescas desse autor adquiriram ao cabo de duzentos anos (*sic*) o direito de passar por sublimes. Os autores modernos, quase todos o copiaram; mas o que é aplaudido em Shakespeare é vaiado neles; e crede bem que a veneração que se tem por esse antigo aumenta à medida que se desprezam os modernos. Não se faz a reflexão que não se deveria se imitá-lo; e o mau êxito de seus copiadores faz somente com que o julguem inimitável.

Voltaire, *Lettres Philosophiques,* 1734 (carta XVIII).

Documento 25:

A RENEGAÇÃO DE VOLTAIRE

O que há de assustador é que o monstro tem um partido na França, e para cúmulo da calamidade e do horror, fui eu outrora o primeiro a falar desse Shakespeare; fui eu o primeiro a mostrar aos franceses algumas pérolas que encontrara em seu enorme estrume. Não esperava que eu serviria um dia para pisotear as coroas de Racine e de Corneille a fim de ornar a fronte de um histrião bárbaro.

Voltaire, *Lettre au comte d'Argental,* 1776.

Documento 26:

IMITEMOS DE PREFERÊNCIA SHAKESPEARE (LESSING)

Se se tivesse traduzido para nós, alemães, as obras-primas de Shakespeare, introduzindo nelas algumas modestas modificações, estou certo de que as conseqüências teriam sido mais felizes do que fazendo-as conhecer Corneille e Racine. Em primeiro lugar, o povo teria apreciado o inglês mais do que gosta dos dois franceses, e em segundo lugar, aquele teria despertado entre nós outros talentos, inteiramente outros do que aqueles que se pode deduzir para a glória deles. Pois o gênio não pode ser inflamado exceto pelo gênio e sobretudo por aquele que parece dever tudo à natureza e que não desanima com a laboriosa perfeição da arte.

Mesmo a julgá-lo segundo os modelos dos antigos, Shakespeare é um poeta trágico bem maior que Corneille, ainda que este os tenha conhecido perfeitamente, enquanto aquele mal os conhecesse. Corneille se aproxima mais deles pelo arranjo mecânico, Shakespeare, pelo fundo. O inglês atinge quase sempre o objetivo da tragédia, seja qual for o caminho bizarro e original que ele escolha, e o francês não o atinge quase nunca, embora siga o caminho aberto pelos antigos. Após *Édipo,* de Sófocles, nenhuma peça no mundo age mais sobre nossas paixões que *Otelo, Rei Lear, Hamlet* etc... Teria Corneille uma única tragédia que vos tenha tocado menos que *Zaire,* de Voltaire? É o quanto não está ela abaixo de *O Mouro de Veneza,* da qual é a fraca cópia e da qual foi tomada toda a personagem de *Orosmano.*

Eu poderia provar-vos facilmente à saciedade que nossas antigas peças têm, com efeito, algo do caráter inglês. Para citar apenas a mais conhecida, *O Dr. Fausto* oferece muitas cenas que um gênio como o de Shakespeare seria capaz de conceber...

Lessing, *Carta n.º 17 Sobre a Literatura Moderna,* trad. G. Cottler, 1876, em Odette Aslan, *L'Art du Théâtre,* Seghers, p. 195.

Documento 27:

GOETHE E SHAKESPEARE

Todos os pressentimentos sobre o homem e seu destino que me acompanharam desde a juventude sem que eu mesmo tivesse consciência, que me fizeram observar os homens que encontrei, os acontecimentos ocorridos em minha vida e na dos outros, como antigos conhecimentos, esses pressentimentos, eu os encontro realizados, desenvolvidos nas peças de Shakespeare. Parece que ele nos explica todos os mistérios, sem que todavia possamos dizer: "Eis aqui ou eis ali a palavra que os resolve".

Wilhelm Meister.

Ele devia convencer-se de que Shakespeare esgotou toda a natureza humana, em todos os sentidos, em tudo o que ela tem de profundo e de elevado e que, em suma, para ele, quando, ao fim da vida, não lhe restou mais nada a fazer. Como ousar pegar numa pena, se reconhecemos com toda a consciência que antes de nós foram criadas tais obras-primas, de uma perfeição insondável, impossível de atingir?

Conversações com Eckerman, 2 janeiro 1824, em Jean Paris, *Goethe,* l'Arche, p. 107.

Documento 28:

O ENTUSIASMO DE UM ROMÂNTICO

Por esta época (outubro, 1827), os atores ingleses chegaram a Paris. Eu jamais havia lido uma só peça de teatro estrangeiro. Anunciaram *Hamlet*. Eu conhecia somente o de Ducis. Fui ver o de Shakespeare.

Supondo um cego de nascença ao qual se lhe devolve a visão, e que descobre um mundo inteiro do qual não tinha nenhuma idéia; supondo Adão despertando após sua criação, e encontrando sob seus pés a terra esmaltada, sobre sua cabeça o céu resplandecente, ao seu redor árvores com frutos de ouro, ao longe um rio, um belo e grande rio de prata, a seu lado a jovem mulher, casta e nua, e tereis a idéia do Éden encantado para o qual esta representação me abriu a porta.

Oh! Era isto então que eu procurava, que me faltava, que devia vir a mim; eram esses homens de teatro que se esquecem que estão em um teatro; era esta vida factícia que entra na vida positiva à força de arte; era esta realidade da palavra e dos gestos que faziam dos atores criaturas de Deus, com suas virtudes, suas paixões, suas fraquezas, e não heróis afetados, impassíveis, declamadores e sentenciosos... Eu vi assim Romeu, Virgínio, Shylock, Guilherme Tell (*sic*), Otelo... Eu devorei o repertório estrangeiro e reconheci que no mundo teatral tudo emanava de Shakespeare, como no mundo real tudo emana do sol; que nem podia ser comparado a ele, porque ele era tão dramático como Corneille, tão cômico como Molière, tão original como Calderón, tão pensador como Goethe, tão apaixonado como Schiller. Eu reconheci que suas obras, e só as dele, continham tantos tipos quanto as obras de todos os outros reunidos. Eu reconheci, enfim, que era o homem que mais tinha criado depois de Deus.

Alexandre Dumas, em Pierre-Aimé Touchard, *Le Théâtre et l'Angoisse des hommes*, p. 218, Seuil, 1968.

Documento 29:

SHAKESPEARE, HERÓI EUROPEU

Como Dante, o italiano, foi enviado a nosso mundo para encarnar em sua música a religião da Idade Média, a religião de nossa Europa moderna, sua vida interior, também Shakespeare, podemos dizer, encarna para nós a vida exterior de nossa Europa, tal como ela se desenvolveu, suas cavalarias, cortesias, humores, ambições, as maneiras práticas de pensar, de agir, de considerar o mundo, que os homens tinham então. Lendo Homero podemos ainda construir a antiga Grécia; do mesmo modo com Shakespeare e Dante, após milhares de anos, será ainda legível, o que foi nossa Europa moderna, em sua fé e em sua prática.

Carlyle, *Dos Heróis e do Culto dos Heróis*, 1841, citado em J.-J. Mayoux, *Shakespeare*, Seghers, p. 152.

Documento 30:

SHAKESPEARE NA RÚSSIA

Para nós, outros russos, Shakespeare não é somente um nome brilhante e glorioso a quem, de tempos em tempos, se rende homenagens guardando a devida distância: Shakespeare tornou-se nosso bem, ele entrou em nossa carne, em nosso sangue. Ide pois vê-lo no teatro (notemos de passagem, que na Alemanha e na Rússia somente suas peças não saem de cartaz), e constatareis vós mesmos... a viva, a estreita comunhão entre o poeta e seu público... A figura de Hamlet não nos está muito mais próxima, mais compreensiva que aos franceses, e até ingleses?... O traço dominante do povo russo é uma sede sem paralelo de tomar consciência de si mesmo, estudando a si próprio sem descanso... Povo que não tem indulgência para com suas fraquezas, ... que não teme expô-las, assim como faz Shakespeare, projetando sobre essas mesmas fraquezas a luz da verdade poética que, clareando, purifica...

Discurso escrito por Turgueniev, para o 3.º centenário, 1864, citado na *Revue d'Histoire du Théâtre*, outubro 1964, p. 393.

Documento 31:

O TEATRO DA CRUELDADE

Cada uma das vezes em que li Shakespeare, parece-me que eu retalhava os miolos de um jaguar.

Lautréamont, *Poésies*, 1870.

Documento 32:

HAMLET, HOMEM DIONISÍACO

O êxtase dionisíaco, abolindo as fronteiras habituais da existência, comporta com efeito, enquanto dura, um *elemento letárgico* onde vem imergir tudo o que o indivíduo viveu anteriormente. Essa vala de esquecimento separa a realidade cotidiana do mundo da realidade dionisíaca. Mas tão logo a primeira se impõe de novo à consciência, ela passa a ser sentida com aversão; o fruto desse estado é uma disposição ascética, hostil à vida. Nesse sentido, o homem dionisíaco é aparentado com Hamlet: ambos lançaram um olhar sob a essência das coisas, ambos *sabem* e só têm aversão pela ação. Sua ação, com efeito, pode mudar na imutável essência das coisas eles julgam risível ou injurioso que se lhes peça para restabelecer em sua ordem um mundo que saiu fora de seus gonzos. O conhecimento mata a ação, para agir é necessário vendar os olhos com um véu de ilusão; tal é a lição de Hamlet, e não essa banal sabedoria de Jean de La Lune que não chega a agir porque reflete demais, como se ele se encontrasse diante de um campo ilimitado de possíveis. Não, não é a reflexão, mas sim o conhecimento, a olhada lúcida sobre a terrível verdade é que pesam mais que toda a razão para agir, em Hamlet assim como no homem dionisíaco. A partir daí nenhuma consolação pode operar; o desejo se lança para além de todo e qualquer mundo após a morte, para além da imortalidade. Penetrado pela verdade que entreviu, o homem não enxerga mais que o horror e o absurdo do ser; compreende o destino simbólico de Ofélia, abre-se à verdade de Sileno, o deus silvestre: a aversão o toma.

Nietzsche, *La Naissance de la tragédie,* trad. da trad. C. Heim, Ed. Gonthier, p. 51-52.

Documento 33:

O REALISMO IMPERFEITO DE SHAKESPEARE

A Megera Domada é um exemplo notável das repetidas tentativas de Shakespeare para fazer o público aceitar uma comédia realista. Petrúquio vale 50 Orlandos como estudo humano. As cenas preliminares nas quais ele mostra seu caráter, com as orelhas atentas à notícia de que há uma fortuna a ganhar para qualquer homem que queira aceitar uma mulher feia, e de mau caráter, das mãos de seu pai e se apressando a concluir o negócio antes que qualquer outro o faça não são romanescas; mas oferecem uma honesta e magistral pintura de um homem real, como nós todos encontramos. A verdadeira domesticação da mulher pelos métodos usados para adestrar os animais selvagens provém de sua determinação de tornar-se rico e abastado e de sua inteira ausência de toda delicadeza no emprego da força e das ocasiões para cumprir seu intento. O procedimento é inteiramente suportável, porque o egoísmo do homem é saudavelmente bem-humorado e puro de qualquer crueldade voluntária, e porque é bom para a megera encontrar uma força como essa a ser reconduzida à razão. Infelizmente, a própria imaturidade de Shakespeare, assim como a da arte que ele experimentava, tornava-lhe impossível conduzir a peça em um plano realista até o final; e a última cena é inteiramente repugnante para uma sensibilidade moderna. Nenhum homem com alguma honestidade de sentimento pode sentar-se em companhia de uma mulher, sem estar extremamente envergonhado com a moral de senhor da criação, implícita na aposta e com as palavras opostas à própria boca da mulher.

G. B. Shaw, *Saturday Review,* 6 nov. 1897, em *Shakespeare's Comedies,* ed. Laurence Lerner, p. 55.

Documento 34:

O LAPSO DE PÓRCIA

Um outro exemplo de lapso utilizado por um dramaturgo foi descoberto por Otto Ranke (1910) em Shakespeare. Cito a exposição de Ranke:

"Um lapso aparece em *O Mercador de Veneza* (III, 2); do ponto de vista dramático, ele é motivado de maneira muito sutil e empregado com uma técnica brilhante. Como o lapso em *Wallenstein* ao qual Freud prestou atenção, ele mostra que os dramaturgos têm uma clara compreensão do mecanismo e da significação dessa espécie de parapraxia e presumem que o público também a tem. Pórcia, que pela vontade do pai deve se limitar a escolher um marido ao acaso, até aquele momento havia escapado a todos os seus inoportunos pretendentes, graças a uma sorte propícia. Tendo enfim encontrado em Bassânio um pretendente a seu gosto, ela fica temerosa de que ele escolha também a caixinha errada. Ela gostaria muito de lhe dizer que poderia, no entanto, estar seguro de seu amor; mas é impedida de fazê-lo por seu juramento. Nesse conflito interno o poeta a leva a dizer ao pretendente que ela favorece:

"Eu vos peço para não vos apressar, esperai um dia ou dois
Antes de arriscar, porque se escolherdes mal
Eu perco vossa companhia, portanto um pouco de paciência:
Alguma coisa me diz (*mas não é o amor*)
Que eu não quereria perder-vos...
. . . Eu poderia dizer-vos
Como escolher bem, mas então eu seria uma perjura:
Isto eu me proíbo; e vós arriscais a fracassar;
Mas então far-me-eis desejar um pecado,
Que eu tivesse sido perjura. Ah, malditos são vossos olhos,
Eles me enfeitiçaram e me dividiram;
Metade de mim é vossa, e a outra metade vossa,
Minha, quero dizer; e se minha, então vossa.
E assim, inteiramente vossa".

"A coisa em relação a qual ela só desejava fazer uma sutil alusão, porque devia na verdade escondê-la inteiramente, isto é, dizer-lhe antes mesmo que ele tivesse feito sua escolha, era dizer que ela estava do lado dele e o amava, é precisamente isso que o poeta, com uma sensibilidade psicológica maravilhosa, leva a abrir um caminho declaradamente através do lapso da personagem; e por esse estratagema artístico, consegue suavizar ao mesmo tempo a incerteza insuportável do apaixonado e a do público com simpatia para o resultado de sua escolha."

Notemos também com que habilidade Pórcia reconcilia as duas declarações contidas em seu lapso, como resolve a contradição entre elas e mostra finalmente que era no lapso que estava a verdade:

E se minha, então vossa
E assim, inteiramente vossa.

Sigmund Freud — *Psicopatologia da Vida Cotidiana*, 1915, citado em Laurence Lerner, *Shakespeare's Comedies*, p. 124.

Documento 35:

HAMLET VISTO POR BRECHT

"O teatro deveria sempre ter em vista as necessidades da época. Tomemos como exemplo de nosso comentário uma peça antiga: *Hamlet*. Tendo em vista a hora sangrenta e lúgubre em que escrevo (durante a Segunda Guerra Mundial), dados os crimes das classes dominantes e de cuja razão cada um de nós duvida (...) acredito que se pode decifrar assim a intriga: a ação se desenrola em tempo de guerra. O pai de Hamlet, rei da Dinamarca, matou o rei da Noruega durante uma guerra de conquistas em que foi vitorioso. No momento em que o filho deste último, Fortinbrás, se arma com vistas a uma nova guerra, o rei da Dinamarca é morto também (...) por seu irmão. Os irmãos dos reis assassinados que por sua vez se tornaram reis renunciaram a guerrear entre si; melhor ainda; os exércitos noruegueses, partindo em expedição contra a Polônia, são autorizados a atravessar o território dinamarquês. É então justamente que o espírito do pai belicoso conclama o jovem Hamlet a vingar o crime de que ele foi vítima. Após ter hesitado um pouco e haver se perguntado se lhe era necessário responder ao crime com o crime, quase decidido a se expatriar, Hamlet reencontra na costa o jovem Fortinbrás que com seus exércitos se dirige precisamente para a Polônia. Influenciado por esse exemplo marcial, dá meia-volta e no decurso de uma cena de carnificina bárbara, mata o tio, a mãe e se mata, entregando assim a Dinamarca à Noruega. Vemos pois, como em semelhantes circunstâncias, um jovem mas já barrigudo utiliza de maneira bem inábil a ciência recentemente adquirida na Universidade de Wittenberg. Nos conflitos do mundo feudal esta ciência o embaraça. Face à realidade incompreensível, ao seu espírito falta sentido prático. Ele é a vítima trágica da contradição entre seu raciocínio e seu ato."

Bertold Brecht, *Pequeno Organon para o Teatro*, citado por J. Kott, *Shakespeare Notre Contemporain*.

Documento 36:

O REPERTÓRIO SOCIALISTA

"Eu completaria *Otelo*... com uma comédia, *As Alegres Comadres de Windsor*, por exemplo, o que preencheria a falta de comédias em nosso repertório, defeito que, em nossos trágicos dias, se faz apenas sentir, parece-me... O centro imutável é Shakespeare, eterno, universalmente humano...

Uma flecha: Schiller e Victor Hugo, uma outra: Ibsen, Benelli Levberg. O conjunto exprime uma vontade retesada, constitui um excelente aríete..." "Nós exigimos Shakespeare e Goethe, Sófocles e Molière, de grandes prantos e grande riso, em doses não homeopáticas... Tanto pior se *Macbeth* é representado diante de uma sala vazia! Será apenas algo provisório, e os teatros do Estado têm o dever de enfrentar isto corajosamente sem aceitar compromissos; o dever do Estado é de nos amparar; este caminho parece-me a única verdade, revolucionária; não há outro."

Alexandre Blok: *Oeuvres*, ed. 1936, vol. XII: *Du Théâtre*, citado em *Revue d'Histoire du Théâtre*, 1965-I, p. 41.

Documento 37:

OS LOUCOS DE SHAKESPEARE

É... ao mundo moral que pertence a *loucura do justo castigo*. Ela pune, pelas desordens do espírito, as desordens do coração. Mas ela tem outros poderes ainda: o castigo que inflige se multiplica por si mesmo, à medida que, punindo, revela a verdade. A justiça dessa loucura tem isso, ela é verídica. Verídica, porque já o culpado sofre, no vão turbilhão de seus fantasmas, o que será para a eternidade a dor de seu castigo... Verídica também, porque o crime escondido aos olhos de todos vem à luz na noite desse estranho castigo; a loucura, nessas palavras insensatas que a gente não se domina, entrega seu próprio sentido, ela diz, em suas quimeras, sua secreta verdade; seus gritos falam por sua consciência. Assim, o delírio de Lady Macbeth revela "aos que não deveriam saber" as palavras que por muito tempo não foram murmuradas salvo aos "ouvidos moucos".

Enfim, último tipo de loucura: *a da paixão desesperada*. O amor desiludido em seu excesso, o amor sobretudo enganado pela fatalidade da morte não tem outra saída senão a demência. Enquanto tinha um objeto, o louco amor era mais amor que loucura; deixado à sua própria sorte prossegue no vazio do delírio. Castigo de uma paixão demasiado abandonada à sua violência? Sem dúvida, mas essa punição é também uma mitigação; ela espalha sobre a irreparável ausência a piedade das presenças imaginárias; ela reencontra no paradoxo da alegria inocente ou no heroísmo de perseguições insensatas a forma que se apaga. Se conduz à morte, é uma morte onde os que se amam não serão jamais separados. É a última canção de Ofélia... Mas é sobretudo a amarga e doce demência do rei Lear...

Em... Shakespeare, a loucura ocupa sempre um lugar extremo no sentido de que não tem reindulto. Nada a conduz jamais à verdade nem à razão. Ela só se abre para o dilaceramento, e daí para a morte. A loucura, em seus vãos propósitos, não é vaidade; o vazio que a preenche é "um mal muito além do meu conhecimento", como diz o médico a propósito de Lady Macbeth; já é a plenitude da morte: uma loucura que não tem necessidade de médico, mas unicamente da misericórdia divina. A doce alegria, reencontrada enfim por Ofélia, não se reconcilia com nenhuma felicidade; seu canto insensato está tão próximo do essencial quanto "o grito de mulher" que anuncia ao longo dos corredores do castelo de Macbeth que "a rainha está morta".

Michel Foucault, *Histoire de la Folie,* 1961, p. 46-47. [Trad. bras.: *História da Loucura,* São Paulo, Perspectiva, 1978, pp. 38-39.]

Documento 38:

SHAKESPEARE É UMA NECESSIDADE PARA OS FRANCESES

Shakespeare está sempre pronto a nos oferecer uma renovação de vida. Shakespeare é nosso melhor doador de sangue. Ele nos replanta.

Shakespeare, em nossa época, parece-nos particularmente atual. Ele viveu, com efeito, em meio a assassinatos, revoluções e catástrofes, como nós, "entre duas eras", se assim podemos dizer.

Se tivesse vivido como nós durante a última Guerra Mundial e se ainda assistisse ao mal-estar internacional que sofremos com as duas grandes potências que disputam entre si atualmente a paz, teria que trocar muitas das palavras do texto de Enobarbus que, em *Antônio e Cleópatra,* exclama: "assim então Antônio e César ficam sós como um par de queixos prontos a se fechar sobre o mundo, e o que o mundo puder jogar entre eles, como alimento, não os impedirá de ranger".

Apesar de algumas pontas de chauvinismo, a arte de Shakespeare sabe sempre manter-se acima da política. Mesmo nessas peças históricas, as mais "governamentais", sabe evitar a baixa propaganda. Ele não se dobra senão à Justiça.

É então que assistimos a chegada à liça de Richmond, o jovem Henrique, o futuro Henrique VII, que ao som de trombetas claras vem derrubar o monstruoso Ricardo III, como São Jorge derrubando o dragão.

Ele nos traz, além do mais, um novo herói que nem a Antiguidade nem a Idade Média eram capazes de imaginar. É o perfeito herói da Renascença. O herói da dúvida, da hesitação superior; aquele a quem a vilania tortura; aquele que é escrupuloso, que questiona tudo. Ele é casto, puro, admirável, fascinante; é Ricardo II; é Henrique VI; é Hamlet enfim. Se não é o próprio Shakespeare, é, em todo caso, o herói mais típico de uma época de Renascimento. Quer se trate da época de Shakespeare ou da em que nós vivemos.

Jean-Louis Barrault: *A Propos de Shakespeare et du Théâtre* (1946, revisto em 1968).

PROBLEMAS E QUERELAS DE INTERPRETAÇÃO

I. A Família de Shakespeare

O pai de Shakespeare, John, era luveiro e mercador de lãs e peles, o que lhe permitiu fazer uma carreira municipal, em Stratford, de provador de cerveja na qualidade de primeiro escabrino em 1571, mas não se sabe se foram os reveses da fortuna enxertados sob a acusação de "papismo", mais do que de puritanismo, que o forçaram a abandonar suas funções em 1586 e retardaram até 1596 a atribuição de brasões d'armas com a divisa *non sans droict*. Mary Arden, mãe de William, era filha do locatário de John e permaneceu católica; mas a família era aparentada aos Arden de Park Hall, e por eles aos Warwick e aos Reis Athelstan e Alfred? William teve uma ou várias noivas? A licença concedida pelo bispo de Worcester para dispensá-lo das duas últimas publicações de proclamas supõe um casamento com Anne Whately, de Temple Grafton, mas o mesmo registro traz no dia seguinte uma licença de casamento com Anne Hathaway, filha de velhos amigos dos Shakespeare. Quiseram os pais desta, grávida de três meses, impedir William de esposar uma outra ou trata-se da distração de um escriba? Estar-se-ia querendo apressar um casamento necessário ou Anne estava prometida a William por esponsais solenes (pré-contrato) que autorizavam então uma coabitação marital? Tratar-se-ia de camuflar um casamento católico? (cf. J. W. Gray, *Shakespeare's Marriage,* 1905). Nada permite afirmar que o casal tenha vivido em desunião e a única "prova" de que Anne era oito anos mais velha baseia-se apenas num testemunho duvidoso do século XVII. Graças a seus lucros teatrais, aos juros de empréstimos dados a vizinhos em Stratford e às especulações efetuadas com estoques de grãos e de malte, Shakespeare pôde comprar terras e pastagens, construir New Place em 1597 e obter em 1605 a concessão dos dízimos de três vilórios vizinhos (440 £ que rendiam 60 £ por ano), casando em 1607 sua promigênita Susanna com o médico John Hall e, seis semanas antes de sua morte, sua caçula Judith com o comerciante de vinho Thomas Quiney; mas Hamnet, gêmea de Judith, estava morta há 11 anos (cf. Mark Eccles, *Shakespeare in Warwickshire,* 1961).

II. A Educação de Shakespeare

Parece que a posição social de seu pai teria permitido a Shakespeare freqüentar a partir dos sete anos a Grammar School local, fundada pela corporação de Stratford em 1553 e gratuita para os filhos de burgueses até os dezesseis anos. Graduados de Oxford ensinaram-lhe o latim pela *Grammatica Latina* de William Lily, com tiragem anual de 10.000 exemplares. Aos dez anos, ele pôde ler as *Cartas* de Cícero, as *Éclogas* de Virgílio e sobretudo as *Metamorfoses* de Ovídio, sua principal fonte mitológica, antes de descobrir o resto da obra de Virgílio e as *Heroides* de Ovídio, Plauto e Terêncio, as tragédias de Sêneca, César, Salústio e Tito Lívio, os tratados retóricos de Cícero e de Quintiliano. Mas apesar de uma sugestão de Ben Jonson que lhe atribui o conhecimento de um pouco de grego, não se sabe se o grego era ensinado em Stratford. (Todavia, North traduziu Plutarco a partir de Amyot, em 1580, à época em que Shakespeare deve ter deixado a Grammar School). Como alhures, não se ensinou a Shakespeare nem matemática, nem ciências, nem língua viva.

A educação religiosa de Shakespeare na escola devia se ressentir do conflito entre os dois cultos: entre dois protestantes, Walter Roche e Thomas Jenkins, Shakespeare teve como mestre, de 1571 a 1577, Simon Hunt que fez em seguida abertamente profissão de fé católica e terminou jesuíta; mas as alusões bíblicas parecem tiradas da Bíblia oficial de 1568 que ele ouvia na Igreja assim como as *Homilias sobre a Obediência e a Rebelião* (cf. T. W. Baldwin, *William Shakespeare's Small-Latine and Lesse Greeke,* 1944).

III. Shakespeare Era Católico?

"Ele morreu papista" conclui a nota sobre Shakespeare redigida por volta de 1690 por Richard Davies, prior de Sapperton, perto de Stratford. Por muito tempo, semelhante afirmação pareceu a tal ponto sacrílega que mesmo Sidney Lee se recusava ainda à discussão. (*A Life of William Shakespeare,* 1898). A questão ficou embrulhada devido aos juízos *a priori* de alguns: H. S. Bowden (*The Religion of Shakespeare,* 1899) e Clara Longworth-Chambrun (*Shakespeare Retrouvé,* 1947), fazem-no católico, assim como o pastor Carter o vê puritano (*Shakespeare, Puritan and Recusant,* 1898). A família parece no entanto ter permanecido por muito tempo católica, e acima de tudo o pai de Shakespeare, sua filha Susanna foi inscrita numa lista de recusantes elaborada após a Conspiração da Pólvora, embora ela haja desposado depois um puritano convicto. Encontramos na mesma lista Hamnet e Judith Sadler, padrinhos das gêmeas, o que seria mais probatório. Shakespeare, aluno de um futuro jesuíta, foi protegido em Londres pelos católicos Southampton, porém, lá, habitava em casa de huguenotes franceses, os Mountjoy. Se ele atenua em *Rei João* o anticatolicismo de sua fonte e se não vê os monges com olhar anticlerical em *Romeu e Julieta,* parece condenar a casuística jesuíta em *Macbeth,* e ignorar o purgatório em *Hamlet.* Shakespeare pode além disso ter evoluído: se a maioria dos eruditos anglo-saxões continua a considerá-lo anglicano conformista, o cônego Looten pensava em uma evolução a partir do catolicismo para um espiritualismo benevolente para com todas as confissões cristãs

(*Shakespeare et la Religion,* 1924) ao passo que E. K. Chambers (*op. cit.*) penderia antes para uma conversão final ao catolicismo. G. B. Harrison crê em uma fase de ceticismo na época das tragédias antes da volta ao catolicismo inicial (*Shakespeare's Religion,* Common wear, 2 julho 1948). A tese de um Shakespeare materialista ateu quase não encontrou adeptos exceto entre alguns marxistas (cf. bibliografia do ponto de vista marxista).

IV. Os Anos Obscuros

Não sabemos nada da vida de Shakespeare entre o nascimento das gêmeas em 1595 e os venenosos ataques de Greene contra o confrade em 1592. Talvez haja trabalhado com o pai: a tradição transmitida por Aubrey, segundo William Beeston, filho de um ator do Chamberlain's Men fazem-no de fato um mestre-escola (Rowse e Alexander aceitam essa tradição que Chambers rejeita); mas como ninguém pôde dizer onde teria ensinado, nem com que título, diploma universitário ou licença eclesiástica, Alexander o vê, de preferência, como assistente do professor de Stratford. Teria sido ele o ator de província William Shakeshafte, citado em 1581 no testemunho de Alexander Houghton, de Lea (Lancashire)? Teria deixado Stratford após ter caçado ilegalmente os gamos de Sir Thomas Lucy, proprietário vizinho, ou somente para melhorar sua situação material após o nascimento das gêmeas? Tendo tomado talvez o gosto pelo teatro, ao ir ver na infância algum mistério em Coventry, ou impressionado pelas grandiosas festas aquáticas oferecidas por Leicester à rainha em Kenilworth em 1575, teria ele seguido a companhia de um ou de outro quando de sua passagem por Stratford em 1587? Alguns imaginam uma viagem à Europa ou sobretudo à Itália, de conformidade com as alusões à Corte de Nerac em *Trabalhos de Amor Perdidos* e o lugar ocupado pela Itália em tantas de suas obras. Mas é possível aprender algumas palavras estrangeiras sem sair da Inglaterra, e pôr na boca de Catarina em *Henrique V*: "*Les dames et demoiselles pour être baisées devant leurs noces, il n'est pas la coutume de France*". Não prova o conhecimento das *finesses* da língua como Josserand queria enxergar aí a caricatura de Henrique de Navarra em *Trabalhos de Amor Perdidos,* explicar-se-ia melhor pelas confidências dos companheiros de Essex, protetor do jovem Southampton. Outros pesquisadores deduziram de seu vocabulário técnico que Shakespeare tinha sido jurista (Lorde Campbell, Lorde Chanceler da Inglaterra em 1859), soldado (Duff Cooper, *Sergeant Shakespeare,* 1949), e até marinheiro (Falconer, *Shakespeare and the Sea,* 1964). Mas o que pensar do processo de *O Mercador de Veneza* onde Pórcia, citada como perita, dirige os debates e pronuncia a sentença? Algumas conversações com soldados (Ben Jonson guerreou em Flandres em 1590), ou marinheiros justificariam suficientemente as alusões militares em *Henrique V* ou as manobras dos marinheiros de *A Tempestade.* Assim também a idéia de que o coração envia o sangue para todos os músculos (*Coriolano*) pode vir de *Pantagruel* ou de um encontro com Harvey antes da publicação dos trabalhos deste. Tantas distorções de história e de geografia serão provas de ignorância ou de indiferença à cor local ou, antes, um jogo bufão dirigido a um público cúmplice e extasiado?

V. Shakespeare é Shakespeare?

"Ser ou não ser" é ainda a questão para uma minoria de anti-stratfordianos, incapazes de admitir que o filho de um luveiro, "palhaço iletrado", "sórdido usurário", "pé-no-chão beberrão" (*sic*) tivesse podido escrever uma obra genial. Malgrado a criação de um Shakespeare Action Committee em 1964 para combater as celebrações ortodoxas do quadricentenário, eles não conseguiram sobrepujar suas oposições ferozes.

A mais antiga é a heresia baconiana, apresentada já em 1769, por Herbert Lawrence, lançada sobretudo pela americana Delia Bacon, tomando seu homônimo por uma descendência (*The Philosophy of the Plays of Shakespeare Unfolded,* 1857, com o prefácio de Hawthorne). A decifração política e esotérica do texto do *Fólio,* a analogia de expressões tão decisivas quando "crede-me" ou "eu vos asseguro" conduzem os baconianos a atribuir a seu candidato a obra de Shakespeare, mas também as de Kyd, Marlowe, Ben Jonson, Spenser, *O Paraíso Perdido, Robinson Crusoé* e mesmo *Don Quixote,* traduzido por Cervantes (cf. J. Duchaussoy, *Bacon, Shakespeare et Saint-Germain,* 1962). Porque não pensar então nas obras perdidas de Lope de Vega, traduzidas pelos jesuítas ingleses exilados em Douai? Harold Jonson (*Did the Jesuits Write Shakespeare?,* 1916) não ousou seguir esse caminho até o fim. Alguns baconianos heréticos atribuem, aliás, a Shakespeare a obra de Bacon.

A abundância de alusões políticas colocou em primeiro plano quase toda a Corte de Elizabeth, com ela própria à frente (G. E. Sweet, *Shakespeare: The Mystery,* 1956). O principal pretendente é William Stanley, 6.º Conde de Derby, morto em 1642, estimulado já em 1891 pelo arquivista Greenstreet, defendido sobretudo por Abel Lefranc desde 1919 (síntese em *A la découverte de Shakespeare,* 1945-1950), acumulando as coincidências entre o texto e as circunstâncias históricas (a estada de Derby na Corte de Navarra em 1593 explicaria *Trabalhos de Amor Perdidos*), para descarregar suas presunções em um tom mais peremptório que convincente: como explicar um silêncio de trinta anos? Demonstrar que o Roussillon de *Tudo é Bom se Acaba Bem* é o Conde do Vale do Ródano (Georges Lambin, *Voyages de Shakespeare en France et en Italie,* 1962) não basta para levar a aderir ao derbysmo.

Roger Manners, 5.º Conde de Rutland, evocado pelo alemão Peter Alvor (*Das Neue Shakespeare-Evangelium,* 1906) e o belga Celestin Damblon (*Lord Rutland est Shakespeare,* 1912), ter-se-ia oculto por razões políticas para garantir a própria segurança segundo Pierre Porohovshikov (*Shakespeare Unmasqued,* 1940), que aceita o método criptogramático baconiano e a revisão dos manuscritos por Bacon, e segundo Claud Sykes (*Alias William Shakespeare?,* 1947), utilizando "os métodos de Sherlock Holmes" (*sic*). O mais recente candidato nobre é Edward de Vere, 17.º Conde de Oxford, por ter vivido na Itália (J. Th. Looney, *Shakespeare Identified in Ed. de Vere,* 1920); Dorothy e Charlton Ogburn convertem mesmo de Southampton em filho de Oxford e de Elizabeth! (*This Star of England: "William Shakespeare, Man of the Renaissance"*, 1955). O problema aparece com a morte de Oxford, já em 1604. Para A. J. Evans, os quatro principais pretendentes colaboraram sob a direção de Derby (*Shakespeare's Magic Circle,* 1956), mas, no processo de Essex, Rutland era acusado pelos outros três, o que demonstraria uma boa dose de maquiavelismo (Clara Longworth-Chambrun, *op. cit.*).

Alguns pensaram em atores como Richard Burbage, ou em autores contemporâneos, sobretudo em Marlowe, mas Calvin Hoffman precisou que este não foi assassinado em 1593 e pôde fugir para a França de onde teria enviado suas peças a Londres por seu favorito Walsingham (*The Murder of the Man Who Was Shakespeare,* 1955); a obra foi mesmo desintegrada entre ateliês de autores, de Greene e Kyd a Ben Jonson e Beaumont, com a colaboração de Bacon ou de Oxford. Para Santi Paladino (*Um Italiano Autore delle Opere Shakespeariane,* 1955), o autor é Michelangelo Florio, o pai do tradutor de Montaigne que teria remetido a seu filho peças para serem traduzidas do italiano! Julgou-se melhor ainda que o Cardeal Wolsey (morto em 1530!) ou que Maria Stuart, a enigmática Anne Whateley que W. Ross (*The Story of Anne Whateley and W. Shakespeare,* 1939) transforma em religiosa enciumada de Anne Hathaway (de quem ela faz a "Dark Lady" dos *Sonetos*) e se identificando por amor ao ator Shakespeare. Como o nome de Shakespeare parece ser bastante espalhado na época, alguns pensaram enfim que o ator William Shakespeare representou as obras de um outro William Shakespeare.

VI. A Companhia de Shakespeare

As companhias elisabetanas parecem saídas de corporações amadoras representando no século XV dramas religiosos. Seu caráter itinerante fez com que fossem confundidos por muito tempo com os vagabundos, submetendo-os como tais à lei de 1531 sobre os indigentes errantes, reiterada em 1572; para evitar que fossem passíveis do açoite e do trabalho forçado, as companhias profissionais que apareceram em meados do século XVI procuraram ser admitidas entre os servidores de grandes senhores, que lhes asseguravam proteção em troca de representações particulares em serões privados à noite. Sua sorte melhorou quando o Conselho Privado considerou seu trabalho como um comércio (1581), uma profissão (1582), um emprego (1583), com a condição de ter uma licença para representar em um teatro e observar certas restrições de horário e de calendário. Esses elencos, no entanto, continuaram suspeitos aos olhos dos puritanos para quem a moralidade presumida dos atores e sua pretensão de rivalizar com a obra divina desencadeavam as epidemias de peste como punição aos pecados da sociedade.

Inteiramente formadas por homens habituados também à dança e à esgrima, as *troupes* compreendiam uma dúzida de acionários (onde sete ou oito possuíam também partes da propriedade da sala), pensionistas muito mal pagos (seis ou sete libras por semana, como um operário pedreiro), alguns adolescentes para os papéis femininos, e por conseqüência pouco numerosos (podendo ganhar duas vezes mais que os segundos papéis quando interpretavam Cleópatra ou Lady Macbeth), mais os figurantes contratados segundo as necessidades. Também eram assalariados os músicos, o ponto de teatro, o figurinista, os maquinistas. Essas companhias de adultos representando Marlowe, Peele, Greene, Lodge e Nashe, pouco a pouco, suplantaram as companhias de adolescentes, saídos dos corais das capelas reais, das catedrais ou dos colégios (*Children of the Chapel, Children of Saint Paul*) que representavam as peças de Lyly.

Não se sabe a que *troupe* Shakespeare pertenceu primeiro; talvez à de Lorde Pembroke. Mas ele entrou com Richard Burbage, filho do proprietário do Theatre, Chamberlain's Men, Lorde Hunsdon, por ocasião da reabertura dos teatros fechados durante a peste de 1593: o *clown* William Kempe havia reunido aí uma equipe de amigos, manobrando com bastante habilidade para evitar soçobrar sobre o controle do produtor Henslowe, como seus rivais do "Admiral". Depois de passar do Theatre ao Swan em 1596, a *troupe* construiu o Globe em 1599: já acionista, Shakespeare detinha também uma das dez partes deste (cinco para

Burbage). A companhia soube evitar qualquer compromisso com a desgraça de Essex e de Southampton, que a tinham levado a representar *Ricardo II* e sua cena de deposição na antevéspera da conspiração de 1601. Mais ainda, já em 19 de março de 1603, James I, privado de teatro em sua puritana Escócia, tomou os Chamberlain's Men sob sua proteção: os King's Men tiveram daí por diante licença para representar em qualquer cidade ou universidade sem autorização prévia; "pajens nomeados pela Câmara" recebiam pelas representações, muito freqüentes na Corte, indenizações sensivelmente maiores que as da avarenta Elizabeth. Eles puderam assim instalar-se nos Blackfriars quando os Children of the Chapel tiveram de deixá-los por volta de 1608 por haver ridicularizado Henrique IV de França e criticado as minas de prata escocesas do rei: uma temporada de inverno em sala fechada podia assim alternar-se com a temporada de verão do Globe. Os King's Men acolheram também as obras de Ben Jonson, Beaumont e Fletcher, deixando Dekker, Chapman e Heywood à *troupe* Admiral's Men, que se tornou a do príncipe herdeiro Henrique. Shakespeare parece ter por muito tempo desempenhado os papéis de pai nobre em suas peças e nas de Ben Jonson, sem que seja possível precisar quais, salvo talvez o Fantasma em *Hamlet* e Adam em *Como Quiserdes.* Parece que ele se retirou um pouco antes do incêndio do Globe em 1613, por ocasião da estréia de *Henrique VIII* (cf. Muriel C. Bradbroock, *The Rise of the Common Player,* 1962; Bernard Beckermann, *Shakespeare at the Globe,* 1962).

VII. Os Teatros Elisabetanos

Os comediantes continuaram a representar nos grandes saguões dos palácios e dos castelos, das universidades ou das escolas de Direito (*Inns of Court*), até mesmo em *tournées* por albergues, ou sobre tablados ao ar livre. Mas, única cidade da Europa na época a possuí-los, Londres contou com uma dezena de teatros permanentes, a maioria ao ar livre, fora dos limites da jurisdição dos puritanos da City. No começo instalados em Shoreditch ao norte de Londres, The Theatre de Burbage pai já em 1576, The Curtain (A Cortina, e não

O Cortinado) ao lado em 1577, foram em seguida construídos na margem sul, perto da Arena dos Ursos, por Henslowe, The Rose em 1587, depois The Swan Theatre, em 1595, pelo Admiral's Men. Quando os filhos de Burbage utilizaram os materiais do Theatre para se estabelecer no Globe Theatre perto do The Rose (1599), Henslowe e o ator Alleyn preferiram emigrar para o Fortune (1600), ao norte da City, em Clerkenwell onde o Queens Men ocupou em seguida o Red-Bull (1606). Como disso tudo não restou nada, estamos limitados a interpretar as alusões literárias (*Wooden O* no início de Henrique V), os contratos de construção do Fortune (1600) ou do Hope (1613), no lugar da Arena dos Ursos), algumas vistas de Londres em escala grande ou a cópia feita por Van Buchell do *croquis* do Swan executado de memória por J. de Witt, de Utrecht, que morou em Londres por volta de 1596.

Esses teatros ao ar livre, geralmente de madeira e com teto de colmo (cf. o incêndio que deixou apenas as fundações do Globe), parecem ter sido mais poligonais que circulares, assegurando total visibilidade e acústica para numerosos espectadores (antes 2 000 que 3 000 a que se refere J. de Witt, segundo Harbage, *Shakespeare's Audience,* 1941), distribuídos entre a platéia e os três andares de galerias (avalia-se o diâmetro exterior em 25 m e a altura em 10 m). O palco era uma plataforma quadrada (de 14 m de largura por 9 m de profundidade do Fortune) diante de uma parede de palco com duas portas, encimado por uma galeria de camarotes que podiam acolher atores e músicos. O *croquis* do Swan mostra um alpendre sustentado por pilares abrigando a parte do palco situada perto da parede. A *hut* que a encima continha provavelmente um mecanismo para as descidas.

Contrariamente às idéias deixados por três a quatro séculos de palco à italiana, a maior parte das cenas de interior eram representadas sobre a plataforma, e a existência de um palco interior (*inner stage*), descoberto para simular o quarto de Julieta, a cela do irmão Laurêncio ou a tumba dos Capuletos, é hipotética: uma cortina estendida diante de uma das portas poderia ser suficiente. Essas portas permitiam opor, por meio de entradas simbólicas, os grupos de personagens antagonistas ou os exércitos adversários. O alçapão de onde saía, o fantasma de Banquo ou do velho Hamlet podia também configurar o túmulo de Ofélia. A galeria servia de balcão ou de muralha, mas, como não era utilizada em todas as peças, podia receber espectadores.

Entre as tentativas de reconstituição do Globe, a de J. C. Adams (*The Globe Playhouse*, 1942) e sobretudo a de C. W. Hodges (*The Globe Restored*, 1953), que se apoiava mais sobre o *croquis* de J. de Witt, parecem preferíveis às de Leslie Hotson (*Shakespeare's Wooden O*, 1959), que imagina um teatro circular onde os atores não podem penetrar a não ser por alçapões no palco isolado da galeria circular pelos assentos de espectadores distintos (cf. J. Jacquot, *Le Lieu théâtral à la Renaissance*, 1964, e também A. M. Nagler, *Shakespeare's Stage*, 1958, e J. L. Styan, *Shakespeare's Stagecraft*, 1967).

Esse dispositivo cênico assegurava uma proximidade física entre atores e espectadores, permitindo suprir a ausência de cenários por acessórios significativos (trono por um palácio, árvores em vasos por uma floresta) ou simbólicos (coroa da Inglaterra ou crânio de Yorick, tochas para sugerir a noite em plena tarde), e sobretudo pelo texto "Eis a floresta das Ardenas"). Isso oferece a vantagem de uma grande flexibilidade no encadeamento ininterrupto das cenas em uma ação rápida, realçada pelo brilho dos costumes, muito mais simbólicos do que submetidos a uma falaciosa historicidade, e pelos sortilégios sugestivos das fanfarras, dos tambores e dos efeitos sonoros mais diversos.

Propício à passagem instantânea de uma alcova a um campo de batalha ou ao jardim de um palácio, apropriado aos desfiles grandiosos como às confissões murmuradas em primeiro plano, o palco elisabetano permitia também sintetizar em alguns instantes os quinze anos durante os quais Perdita crescia entre os pastores da Boêmia.

Os teatros particulares eram pequenas salas fechadas instaladas freqüentemente em conventos secularizados, Blackfriars, Whitefriars, Saint Paul, utilizadas muito tempo pelos elencos de adolescentes ou pelas *masks* de Inigo Jones. A luz artificial das velas e das lâmpadas a óleo, refletida por líquidos ou vidros coloridos, uniam aí as maravilhas de suas variações de intensidade e mudanças à vista do espectador, de cortinas ou de armações em *trompe-l'oeil* dispostas em vários planos de profundidade e efeitos espetaculares garantidos pela descida de nuvens e pelos jogos de água e de fogo de uma maquinaria complexa. Mas os King's Men parecem ter conservado nos Blackfriars sua cenografia habitual, preferindo não mudar demasiado a encenação de peças destinadas a ser representadas tão bem num albergue quanto na Corte; tinham somente a possibilidade de oferecer uma temporada de inverno a uma clientela rica, que encontrasse lugares confortáveis, todos sentados, porém, muito mais caros que nos teatros públicos (6 *dimes* a 2 *shillings* e 6 *dimes*).

VIII. O Público Elisabetano

Contrariamente ao dos teatros privados, o público dos outros teatros era socialmente heterogêneo. Atraídos pela bandeira acima da *hut*, içada para anunciar uma representação; lojistas e estudantes, sobretudo de Direito, artesãos, aprendizes e trabalhadores podiam por um *penny* (ou seja, o preço de dois pepinos ou de um quarto de litro de cerveja) ouvir na platéia os três toques de trombetas anunciando o prólogo, enquanto consumiam nozes, maçãs, ou guloseimas, regados a cerveja, e até a vinho, trazidos por algum criado de uma hospedaria vizinha. Um outro *penny* dava acesso aos assentos da galeria inferior e um terceiro, à do meio, onde se instalavam mestres-artesãos e comerciantes, pessoal da Corte e pequena nobreza. Os grão-senhores ocupavam os camarotes de 12 *pence* ou assentos bem à vista, no palco. Muitos espectadores vinham com mulheres e filhos, para grande surpresa dos estrangeiros, atraídos pela reputação de qualidade dos espetáculos londrinos (cf. P. Busino, *doc. cit.*). Os batedores de carteira e as prostitutas parece não ter sido mais numerosos do que na Bolsa, em Saint Paul, ou em Westminster, e os autos do condado de Middlesex provam que os teatros vinham bem atrás das tabernas quanto à criminalidade. A platéia era bastante perturbada por tumultos entre jovens aprendizes que tratavam o lugar como um país conquistado e jovens senhores imbuídos de sua superioridade, porém não mais que o banquete oferecido em 1616 aos cavalheiros do Banho, assaz insolentes com as mulheres, para obrigar a autoridade a mandar interromper o serviço.

No entanto, 85% dos londrinos adultos parecem ter ignorado o teatro, seja porque, puritanos, eles o houvessem tomado pela antecâmara do inferno, seja porque fossem pouco sensíveis às atividades artísticas, seja porque tivessem sido afastados por um horário de representação coincidente com o do trabalho mais do que pelo preço dos lugares relativamente baratos, ou pela distância das salas situadas, no pior dos casos, a duas milhas do centro da City: o proletariado quase nunca constituiu mais de 10% de um público que freqüentemente havia passado por uma *grammar school* (cf. Harbage, *Shakespeare's Audience,* 1941).

IX. Cronologia das Obras e dos Apócrifos

É difícil estabelecer uma cronologia precisa das representações. Dispomos sobretudo da lista do *Palladis Tamia,* de Frances Meres (1598) fornecendo um término *ante quo* para doze peças (com asterisco na cronologia, p. 5), e do registro da Stationer's Company, corporação de tipógrafos e editores (1557), com o monopólio virtual da publicação (salvo para as Universidades), após autorização prévia do arcebispo de Canterbury (desde 1586). Como a maior parte dos atores, Shakespeare não dava à publicação peças que ainda tinham sucesso. As livrarias compravam, amiúde de intermediários mais ou menos autorizados, cópias de atores ou de pontos de teatro sem nenhum controle do autor: as 18 peças publicadas *in-quatro* antes de 1616 não fornecem nenhuma informação válida. Quando, em 1623, Heminge e Condell, atores do King's Men, mandaram imprimir pela Jaggard o primeiro *Fólio* completo (salvo *Péricles*), as 36 peças são distribuídas em comédias, histórias e tragégias segundo uma ordem bastante arbitrária (cf. edição fac-similada, Oxford, 1955, e A. W. Pollard, *Shakespeare Folios and Quar-*

tos, 1909). Se não se pode mais seguir a cronologia pioneira de Malone (1778), que não se afasta mais que cinco anos das estimativas atuais salvo para 5 obras entre 35, a de Chambers (*W. S.: A Study of Facts and Problems*, 1930) sofreu apenas retoques tendentes a situar mais cedo algumas obras, *As Alegres Comadres de Windsor* logo depois de *Henrique IV* para a cerimônia de sagração como cavaleiro em Windsor de Lorde Hunsdon em 23 de abril de 1597, a *Comédia dos Erros* e *Titus Andronicus*, imitações de Plauto e Sêneca por um estreante, antes dos três *Henrique VI*, que teria sido logo após seguido pelo *Rei João*, embora muitos o considerem ainda contemporâneo de *Ricardo II* (cf. J. G. Mc Manaway, in *SS 3*, 1950, e M. Mincoff, em *Zeitschrift fur Anglistik und Americanistik*, XII, 1964). O terceiro *Fólio* (1664) acrescenta ao primeiro *Péricles* mais seis obras julgadas depois apócrifas, mas muitos pensam hoje que Shakespeare pelo menos colaborou com Fletcher em *Dois Nobres Fidalgos* (1613), e talvez em um *Cardenio* perdido, com Munday, Chettle, Dekker e talvez Heywood em *Sir Thomas More* (c. 1595), e, de maneira muito duvidosa, com Peele em *Eduardo III* (1595). (Cf. K. Muir, "Shakespeare Apocrypha", em *Shakespeare Newsletter*, XII, 1964.)

X. A Personalidade dos Sonetos

A identidade das personagens dos *Sonetos* suscitou intermináveis controvérsias. Para Chambers (*op. cit.*) e Dover Wilson (*Shakespeare's Sonnets*, 1964) o belo jovem louro seria William Herbert, Conde de Pembroke, cujo pai havia protegido o início da carreira de Shakespeare e talvez houvesse recorrido a ele para que exortasse o filho ao casamento. Mas, se se renuncia à idéia do pequeno ator de papéis femininos William Hughes inventado por Wilde, que crê como Gide em um Shakespeare homosexual, o que pareceria desmentir os conselhos de casamento dados (cf. H. M. Young, *The Sonnets of Shakespeare: a Psychosexual Analysis*, 1937) se William Hatcliffe, príncipe do folclore nas festas de Natal em Gray's Inn, parece pouco probatório apesar de L. Hotson (*Mr. W. H.*, 1964), A. L. Rowse retomou a tradição em favor da dedicatória de *Vênus* e de *Lucrécia,* Henry Wriothesley, Conde de Southampton, a despeito da ausência de provas de interesse para peças de seu amigo. Mr. W. H. seria então não o inspirador, mas aquele que teria fornecido os sonetos ao livreiro Thomas Thorpe, Sir William Harvey, terceiro esposo da mãe de Southampton, sempre benevolente com os conselhos dados a seu filho, de preferência a William Hart ou William Hathaway, cunhados de Shakespeare, ou o corretor clandestino William Hall.

Mais do que Spenser ou J. Donne, o poeta rival seria Chapman, se o soneto 86 faz de fato alusão a sua tradução da *Ilíada,* porém, Rowse vê nisso antes uma alusão ao *Fausto* de Marlowe.

A Dark Lady parece ser de fato Mary Fitton, amante de Pembroke, cuja carreira na Corte corresponde à imagem que dela nos oferece Shakespeare, mais adequadamente que Elizabeth Vernon, amante de Southampton, que depois de tê-lo esposado se revela muito diferente da libertina dos *Sonetos.* Há os que pensaram também em Penelope Devereux, a irmã de Essex, em Jane Davenant, hoteleira em Oxford, em Jacqueline Vautrollier, mulher do impressor dos poemas, e até em uma cortesã mestiça ou negra, Lucy Negro (G. B. Harrison, *Shakespeare under Elizabeth,* 1933), ou simplesmente morena, Lucy Morgan (Hotson, *op. cit.*) e mesmo em uma criatura imaginada pelo poeta.

XI. Shakespeare, Autor Esotérico?

Além das interpretações simbólicas espiritualistas de G. Wilson Knight (cf. bibliografia), certos pesquisadores quiseram encontrar uma correspondência entre a obra de Shakespeare e a tradição ocultista proveniente do neoplatonismo. Jean Paris (*Hamlet ou les personages du Fils,* 1951, *Shakespeare par lui-même,* 1954) faz certas comparações com obras esotéricas contemporâneas sem chegar ao ponto de ligar Shakespeare à tradição rosa-cruz, como Paul Arnold (*Esotérisme de Shakespeare,* 1955), cujos temas jamais tiveram essa convicção. Como observou Jean Jacquot (C. R. do livro de Arnold, em *Etudes Anglaises,* 1956, pp. 256-258), não se pode achar semelhanças precisas e Arnold se apóia demasiado sobre obras posteriores sem remontar a Paracelso e Tritheim, até os neoplatônicos florentinos conhecidos pelos humanistas ingleses. O vocabulário técnico de Shakespeare em matéria esotérica não ultrapassa, aliás, o nível dos almanaques. O problema continua (cf. Guy Boquet, "L'Europe en quête de Shakespeare", *Annales*, janeiro, 1968, pp. 150-154).

XII. O Adeus ao Teatro

Durante muito tempo as últimas palavras de Próspero em *A Tempestade* foram consideradas como o adeus de Shakespeare ao teatro. No entanto, apesar de sua retirada de Stratford, parece ter ao menos colaborado com Fletcher em *Henrique VIII*, talvez por ocasião do casamento da filha de James I com o Eleitor Palatino. Em meio a cortejos de grande pompa é possível encontrar aí certos temas das histórias e dos romances. *Dois Nobres Fidalgos* parece ao contrário repudiar a ética dos romances, mostrando o triunfo do erotismo sobre a castidade. Tratar-se-á de uma prova por absurdo dos perigos da submissão cega a Vênus ou da busca de uma temática secundária a contradizer a principal (Ph. Edwards, *Shakespeare and the Confines of Art*, 1968)? Tratar-se-á simplesmente da colaboração de um autor aposentado com um jovem confrade, trabalhando em prol de sua antiga companhia sem lhe impor sua própria visão (cf. Kenneth Muir, *Shakespeare as Collaborator*, 1960)?

BIBLIOGRAFIA

"A simples leitura dos livros que aparecem sobre Shakespeare constituem em si mesma uma carreira." (Douglas Bush, Harvard, 1950). O que se segue não pode representar senão uma escolha de obras essenciais ou recentes, muitas das quais comportam ainda bibliografias mais aprofundadas.

I. As edições de Shakespeare

a) *Em inglês:*

Uma edição fac-similada do *Primeiro Fólio* (1623) foi editada em Oxford em 1955. Mas as edições de conjunto mais práticas são:

The Oxford Shakespeare (3 vol., 1892 ou 1 vol., 1912, numerosas reedições) por W. J. CRAIG.

The Works of Shakespeare, Tudor edição (1951) por P. ALEXANDER.

The Complete Works of Shakespeare, (1954), com *Sir Thomas More,* por C. J. SISSON.

The London Shakespeare (6 vol., 1957), por J. J. MUNRO.

As coleções de peças separadas mais ricas em notas e documentos são:

The New Cambridge Shakespeare (39 vol., 1921-1959) dir. QUILLER-COUCH e J. D. WILSON.

The New Arden Shakespeare (1950...) dir. ELLIS-FERMOR, depois H. F. BROOKS e H. JENKINS.

b) *Bilíngües franco-inglesas:*

Oeuvres complètes (1954-1961), Ed. Formes et Refletes, dir. por H. Evans e P. Leyris (Club Français du Livre).

Texto, notas e glossários do New Cambridge, com prefácios de shakespearianos ingleses; novas traduções (notadamente de Yves Bonnefoy) ou retomam as melhores da Pléiade. Mais preocupadas com poesia do que com teatralidade.

Peças separadas:

A coleção das *Belles-Lettres*, mais completa, tem notas menos desnvolvidas do que a edição Aubier-Montaigne, lançada como edição de bolso pela Flammarion. Mais úteis para a compreensão do texto do que para o teatro.

c) *Traduções francesas:*

Théâtre complet, Garnier, 3 vol., 1961, trad. F.-V. Hugo, um pouco envelhecida, mas reflete a concepção romântica e tem a vantagem da unidade (reeditada em livro de bolso Garnier-Flammarion).

Oeuvres complètes, na Pléiade, 1961, trad. F.-V. Hugo, salvo dez traduções novas de Copeau, Gide, Jouvet e Pitoëff, Supervielle, riquíssimos estudos de H. Fluchère (300 p.) suma shakespeariana em francês datada de 1960.

Inúmeras traduções isoladas, das quais as mais satisfatórias, sob todos os pontos de vista, parecem ser as de Yves Bonnefoy.

II. A Vida de Shakespeare

Encontraremos a mais rica documentação em:

E. K. CHAMBERS, *William Shakespeare: A Study of Facts and Problems*, 2 vol. Oxford, 1930;
ou em francês: MARTIN MAURICE, *Master William Shakespeare*, Gallimard, 1953.

Mais recentes:

I. BROWN, *Shakespeare in Time*, Edimburgo, 1960, sobretudo para o homem de teatro.

A. L. ROWSE, *William Shakespeare*, Plon, 1964, por um historiador da época elisabetana.

P. QUENNELL, *William Shakespeare*, Fayard, 1964, vulgarização útil.

P. ALEXANDER, *Shakespeare*, Home Univ. Lib. 1965, bom manual.

Sobre as heresias:

H. N. GIBSON, *The Shakespeare*, Methuen, 1962.

Balanço atualizado de J. B. FORT, "O 4.º centenário e o mistério shakespearianos", *Etudes Anglaises*, 1964.

III. A Sociedade Elisabetana

Além dos manuais:

Roger CHAUVIRE, *Le Temps d'Elizabeth*, Didier, 1960, e sobretudo ELTON, *England under the Tudors*, 1955.

Oxford History of England (t. VIII, J. B. BLACK, *The Reign of Elizabeth*, 1955, e t. IX, G. DAVIES, *The Early Stuarts*, 1945).

A. L. ROWSE, *The England of Elizabeth,* 1951.

Podemos nos reportar à bibliografia de S.-J. BOURDE (Rev. hist., 1963, p. 443-476) e a algumas obras essenciais mais recentes:

Lawrence STONE, *The Crisis of the Aristocracy,* Oxford, 1965.

H. R. TREVOR ROPER, *Religion, the Reformation and the Social Change,* Macmillan, 1967.

Para o contexto mundial:

F. BRAUDEL, *Vie matérielle et capitalisme,* Colin, 1967.

J. DELUMEAU, *La civilisation de la Renaissance,* Arthaud. 1967.

A. KOYRÉ, *Du monde elos à l'univers infini,* PUF, 1962.

IV. O Teatro Elisabetano

E. K. CHAMBERS, *The Elizabethan Stage.* 4 vol., Oxford, 1923, principal estudo de conjunto.

Sobre os teatros shakespearianos:

J. C. ADAMS, *The Globe Playhouse,* N.Y., 1961.

I. SMITH, *Shakespeare's Blackfriars Playhouse,* N.Y., 1965.

Balanço atualizado, em *Le Lieu Théâtral à la Renaissance,* dir. por J. Jacquot,

Sobre a dramaturgia: J. L. STYAN, *Shakespeare's Stagecraft,* Cambridge, 1967.

Sobre os atores: M. C. BRADBOOK, *The Rise of the Common Player,* 1962.

Sobre o contexto teatral:

H. FLUCHÈRE, *Shakespeare dramaturge élizabéthain,* 1948 (e col. Idées, 1966).

W. FARNHAM, *The Medieval Heritage of Elizabethan Tragedy,* 1936.

E. C. PETTET, *Shakespeare and the Romance Tradition,* 1949.

J. A. C. THOMPSON, *Shakespeare and the Classics,* 1952.

F. P. WILSON, *Marlowe and the Early Shakespeare,* 1953.

E. W. TALBERT, *Elizabethan Drama and Shakespeare Early Plays,* 1963.

Ph. EDWARDS, *Thomas Kyd and Early Elizabethan Tragedy,* 1966.

U. ELLIS-FERMOR, *The Jacobean Drama,* 1935.

L. C. KNIGHTS, *Drama and Society in the Age of Jonson,* 1937.

Cyrus HOY, *The Hyacinth Room,* 1964 (Shakespeare no teatro europeu).

V. A Obra de Shakespeare

Iniciação em francês: J.-J. MAYOUX, *Shakespeare,* Seghers, 1966, de preferência a AXELRAD, *Shakespeare et le théâtre elizabéthain*. Que sais je? PUF, 1964, e Jean PARIS, *Shakespeare par lui-même*, Seuil, 1954.

Mas, sobretudo H. FLUCHÈRE, *Essais critiques sur l'oeuvre dramatique*, introdução à edição da Pléiade, 1959, cuja bibliografia nos reportamos para a maioria dos estudos anteriores, que H. FLUCHÈRE citou e utilizou largamente.

Sobre o conjunto ou uma grande parte da obra dramática:

Th. SPENSER, *Shakespeare and the Nature of Man*, OUP, 1945 (influência do pensamento elisabetano).

U. ELLIS-FERMOR, *Shakespeare the Dramatist*, 1948.

A. SEWELL, *Character and Society in Shakespeare*, OUP, 1951.

W. H. CLEMEN, *The Development of Shakespeare Imagery*, U.P., 1953.

D. A. TRAVERSI, *An Approach to Shakespeare*, 1956.

A. KETTLE, ed. *Shakespeare in a Changing World*, N.Y., 1964 (marxista).

D. HOROWITZ, *Shakespeare and Existential View*, 1965.

J. KOTT, *Shakespeare notre Contemporain*, Marabout, Verviers, 1965.

T. EAGLETON, *Shakespeare and Society*, 1967.

Ph. EDWARDS, *Shakespeare and the Confines of Art*, 1968.

Sobre certos temas gerais:

J. VIVYAN, *The Shakespearien Ethic*, 1959 (espiritualista).

C. B. WATSON, *Shakespeare and the Renaissance Concept of Honor*, Princeton, 1961.

R. M. FRYE, *Shakespeare and Christian Doctrine*, Princeton, 1963 (contra o simbolismo cristão de Wilson Knight, sem fazer de Shakespeare um ateu).

A. RIGHTER, *Shakespeare and the Idea of the Play*, N.Y., 1963.

G. W. KNIGHT, *Shakespeare and Religion*, 1967.

Sobre as histórias:

M. M. REESE, *The Cease of Majesty*, 1961 (síntese desenvolvida dos trabalhos de E. M. W. Tillyard, Lily Campbell e I. Ribner (Shakespeare defensor da ordem hierárquica), com variações de:

E. W. TALBERT, *The Problem of Order*, 1962.

G. W. KNIGHT, *The Sovereign Flower*, 1958 (simbolismo da coroa).

S. C. SENGUPTA, *Shakespeare's Historical Plays*, OUP, 1964 (Shakespeare dramaturgo mais que político).

J. WINNY, *The Player King*, 1968 (equilibra teatro e pensamento político).

A. BLOOM, *Shakespeare's Politics*, 1964 (temas políticos nas comédias e nas tragédias).

Sobre as comédias:

M. C. BRADBROOK, *The Growth and Structure of Elizabethan Comedy,* 1955.

J. R. BROWN, *Shakespeare and his Comedies,* 1957 (riqueza, verdade, ordem do amor).

C. L. BARBER, *Shakespeare's Festive Comedy,* Princeton, 1959 (comédia e folclore).

D. WILSON, *Shakespeare's Happy Comedies,* 1962 (síntese universitária sem surpresa).

N. FRYE, *A Natural Perspective,* Columbia, 1965 (tão penetrante quanto brilhante).

P. G. PHIALAS, *Shakespeare's Romantic Comedies,* U.Nth. C.P., 1966 (bom balanço da questão).

R. G. HUNTER, *Shakespeare and the Comedy of Forgiveness,* N.Y., 1965 (à luz dos textos religiosos elisabetanos).

L. LERNER, *Shakespeare's Comedies,* 1967 (excelente escolha de críticas).

Sobre as tragédias e os romances:

G. W. KNIGHT, *The Wheel of Fire* (tragédias), 1930 — *The Imperial Theme* (peças romanas), 1932 — *The Crown of Life* (romances) 1947 — apresenta suas idéias de interterpretação simbolista à prova da cena em *Shakespearian Production,* 1964.

R. SPEAIGHT, *Nature et grâce dans les tragédies de Shakespeare,* 1955.

I. RIBNER, *Patterns in Shakespearian Tragedy,* 1960.

M. CHARNEY, *Shakespeare's Roman Plays,* 1961.

J. HOLLOWAY, *The Story of the Night,* 1961 (sem dúvida, o melhor).

C. J. SISSON, *Shakespeare's Tragic Justice,* 1962.

W. WHITAKER, *Mirror up to Nature,* 1965 (técnica das tragédias).

N. FRYE, *Fools of Time,* Toronto, 1967.

L. LERNER, *Shakespeare's Tragedies,* 1964 (excelente escolha de críticas).

Sobre os poemas:

P. CRUTWELL, *The Shakespearian Moment,* 1960 (ultrapassa largamente o tema).

E. HUBLER, *The Riddle of Shakespeare's* N.Y., 1962.

VI. A Difusão da Obra

A. L. SPRAGUE, *Shakespearian Players and Performances,* 1953. *Shakespeare and the Actors* (1660-1905), 1944.

F. E. HALLIDAY, *Shakespeare and His Critics,* 1949 — *The Cult of Shakespeare,* 1957.

L. MARDER, *His Exits and his Entrances, The Story of Shakepeare Reputation,* 1963.

O. LEWINTER, *Shakespeare in Europe,* Cleveland, 1963.

E. e H. BRENNECKE, *Shakespeare in Germany* — 1500-1700, Chicago, 1964.

E. L. STAHL, *Shakespeare und das Deutsche Theater*, 1947.
Lucy COLLISON-MORLEY, *Shakespeare in Italy*, 1916.
A. PAR, *Representaciones Shakespearianas em España*, 1936-1940.
A. LIRONDELLE, *Shakespeare en Russie*, 1912.
A. SMIRNOV, *Shakespeare: a Marxist Interpretation* (sobre Shakespeare na U.R.S.S.), 1936.
E. DUNN, *Shakespeare in America*, N.Y., 1939.
Ver também *Revue d'Historie du Théâtre*, 1964 (4) e 1965 (1).

VII. Nota de Orientação

Para um estudo mais aprofundado:

a) *Dois instrumentos de trabalho:* F. E. HALLIDAY, *A Shakespeare Companion*, 1964, e sobretudo O. J. CAMPBELL, *A Shakespeare Encyclopedia*, 1014 p., 1966.

b) *Repertórios bibliográficos:*

W. JAGGARD, *Shakespeare Bibliography*, 1911.
W. EBISH e L. L. SCHÜCKING, *A Shakespeare Bibliography*, 1931, suppl., 1937.
G. R. SMITH, *A Classified Shakespeare Bibliography*, 1936-1958, Un. Park. Pa., 1964.
R. BERMAN, *A Reader's Guide to Shakespeare's Play: A Discursive Bibliography*, 1965.

c) *Reunião de fontes:*

G. B. BULLOUGH, *Narrative and Dramatic Sources of Shakespeare*, 5 vol., 1957-1965.
K. MUIR, *Shakespeare's Sources*, vol. I, *Comedies and Tragedies*, 1957.

d) *Uma coleção de bolso especializada: Penguin Shakespeare Library.*

e) *Periódicos anuais especializados:*
Shakespeare Survey, publicado em Cambridge;
Stratford-upon-Avon Studies;
Shakespeare Quaterly, New York;
Shakespeare Jahrbuch, Heidelberg;
Shakespirovski Sbornik, Moscou,
não farão negligenciar *The Times Literary Supplement* (hebd.), nem as revistas gerais anglo-saxônicas indicadas nos *Essais* de Fluchère.

Em francês, *Revue d'Histoire du Théâtre* (bibliografias importantes) *Estudos Ingleses, Les Langues Modernes, Annales E.S.C.*

f) *Bibliotecas e centros de pesquisas especializados:*

O Shakespeare Institute of the University of Birmingham (anexo a Stratford). A Folger Shakespeare Library de Washington.

Coleção Khronos

1. *O Mercantilismo,* Pierre Deyon.
2. *Florença na Época dos Médici,* Alberto Tenenti.
3. *O Anti-semitismo Alemão,* Pierre Sorlin.
4. *Mecanismos da Conquista Colonial,* Ruggiero Romano.
5. *A Revolução Russa de 1917,* Marc Ferro.
6. *A Partilha da África Negra,* Henri Brunschwig.
7. *As Origens do Fascismo,* Robert Paris.
8. *A Revolução Francesa,* Alice Gérard.
9. *Heresias Medievais,* Nachman Falbel.
10. *Armamentos Nucleares e Guerra Fria,* Claude Delmas.
11. *A Descoberta da América,* Marianne Mahn-Lot.
12. *As Revoluções do México,* Américo Nunes.
13. *O Comércio Ultramarino Espanhol no Prata,* Emanuel Soares da Veiga Garcia.
14. *Rosa Luxemburgo e a Espontaneidade Revolucionária,* Daniel Guérin.
15. *Teatro e Sociedade: Shakespeare,* Guy Boquet.
16. *O Trotskismo,* J. J. Marie.

imprensa metodista

Impressão e acabamento
Av. Senador Vergueiro, 1301
Fone: 452-1777
São Bernardo do Campo - SP
Brasil